KB247986

CEO 칭기스칸

유목민에게 배우는 21세기 경영전략

CEO 칭기스칸
유목민에게 배우는 21세기 경영전략

2002년 11월 15일 초판　1쇄 발행
2022년　2월 25일 초판 53쇄 발행

지 은 이 | 김종래
펴 낸 곳 | 삼성글로벌리서치
펴 낸 이 | 차문중
출판등록 | 제1991-000067호
등록일자 | 1991년 10월 12일
주　　소 | 서울시 서초구 서초대로74길 4(서초동) 삼성생명서초타워 30층
전　　화 | 02-3780-8153(기획), 02-3780-8084(마케팅), 02-3780-8152(팩스)

ⓒ 김종래 2002
ISBN | 978-89-7633-213-4 04320
　　　　978-89-7633-211-0 (세트)

삼성글로벌리서치

CEO 칭기스칸
유목민에게 배우는 21세기 경영전략

김종래 지음

삼성글로벌리서치

차례

한 사람의 꿈은 꿈이지만
만인(萬人)의 꿈은 현실이다

지금부터 800년 전에 21세기를 살다 간 사람들이 있다. 8시간 후의 주식 가격을 알 리 없고, 8개월 뒤 전세 값이 오를지 내릴지 또한 모르는 판에 800년 전 세상을 요즈음 사고방식으로 살다 간 사람들이 있다고 하면 다들 황당무계한 소리라고 할 것이다. 그러나 그건 분명 헛소리가 아니다.

　서울에서 비행기를 타고 세 시간 가량 북으로 날아 가면 몽골을 만난다. 이 나라는 건조한 대륙성 기후와 척박한 자연조건을 지닌 고원 지대에 자리하고 있다. 북쪽으론 인간이 뚫고 지나갈 수 없는 시베리아 삼림이, 남쪽으로는 모래와 바위 말곤 아무 것도 없는 사막이 있다. 그 북쪽 타이가와 남쪽 사막 사이에 초원이 펼쳐진다. 800년 전에 21세기를 살다 간 사람들의 이야기는 바로 그 초원에서 살았던 칭기스칸, 그리고 그와 함께 했던 이들의 이야기다.

12~13세기, 칭기스칸의 삶은 유라시아의 광활한 초원에서 시작됐다. 그가 속한 부족은 나무도 없는 황무지를 떠돌아 다니는 유목민이었다. 그래서 그는 글을 몰랐다. 쉽게 말해, 야만인이었던 셈이다. 기약할 수 없는 이동과 끊임 없는 전쟁, 잔인한 약탈이 그가 배울 수 있는 세상 일의 전부였다. 절망조차 허락하지 않는 그 현실을 칭기스칸은 극복해 냈다. 그는 선대로부터 이어오던 오랜 내전을 종식시키고 몽골 고원을 통일한 다음, 바깥 세상으로 달려 나갔다. 칭기스칸 시대에 정복한 땅은 777만 평방킬로미터에 이른다. 알렉산더 대왕(348만 평방킬로미터)과 나폴레옹(115만)과 히틀러(219만), 세 정복자가 차지한 땅을 합친 것보다 넓다.

그의 손자이자 원나라 시조인 쿠빌라이칸에 이르러 정복 면적은 훨씬 더 늘어났다. 동쪽으로 고려에서부터 서쪽 헝가리까지, 북쪽 시베리아로부터 남쪽 베트남 근방까지. 쿠빌라이칸은 만주에서 페르시아에 이르는 광대한 제국을 건설했다. 인류 역사상 첫 '해가 지지 않는 제국'의 출현이다. 당시 몽골 고원 인구는 100만~200만 명이었다. 이 숫자가 중국·이슬람·유럽 사람 1억~2억 명을 정복하고 거느렸다.

더욱 놀랍게도 제국은 12세기 후반부터 14세기 중반까지 무려 150년이나 지속됐다. 우리가 일제 36년 동안 당한 식민 통치의 악몽과 비교해 보면 거꾸로 그들의 대단한 통치력을 쉽게 가늠할 수 있다. 일제 식민 통치 36년 동안 중국 상하이에 대한민국

임시정부가 들어섰고, 숱한 애국 선열들이 일제에 항거하기 위해 망명 길에 오르는가 하면 투옥되고 고문으로 숨져 갔다.

당시 일본은 우리보다 훨씬 크고 강력한 나라였다. 이처럼 큰 나라가 작은 나라를 36년 동안 통치하기도 버거울 진대, 작은 몽골이 100~200배나 덩치 큰 나라들을 아우르며 150년 동안 제국을 유지했음은 여간 놀라운 일이 아니다.

몽골의 한자식 표현 몽고(蒙古)는 '아둔한 옛 것'을 뜻한다. 실제로 몽골 유목민은 문자도 변변치 못한 민족이었다. 역설적이지만, 그렇게 야만적이고 잔인한 몽골인이었기에 그 모든 것을 이룰 수 있었을까. 그렇게 말하는 사람이 있다면 그건 국가 경영의 초보 이치도 모르고 하는 소리다.

그들의 성공 비결을 한 마디로 요약하자면 '꿈'이다. 그들은 한 사람이 꿈을 꾸면 꿈으로 끝날지 모르지만, 만인이 꿈을 꾸면 얼마든지 현실로 가꿔낼 수 있다는 신념을 지녔다. 미래를 향한 비전을 함께 지닌다면 얼마든지 세상을 바꿀 수 있다는 걸 그들은 알았다.

비전의 공유는 어떨 때 가능한가. '열린 사고를 할 때'다.

비전을 공유한다는 것은 함께 꿈을 꾸고, 함께 꿈을 실현해 나가는 것이다. 사람은 누구나 그리고 저마다 꿈을 꾼다. 내 꿈도 있고 남의 꿈도 있다. 심지어 가축들에게도 꿈이 있다. 하지만 어떤 꿈이 나만을 위한 것이라면, 나를 위해 남에게 희생과 봉사와 복종을 요구하는 것이라면 '꿈의 공유'는 결코 이룰 수 없다. 기업주, 정치지도자, 가장이 자기 꿈을 이루려고 종업원, 국민, 아내와 자식들에게 일방적 희생과 복종만 요구한다면 그것은 '꿈의 공유'가 아니다.

내 꿈과 네 꿈을 구분하지 말라. 모두가 꿈을 함께 해야 한다. 이것이 21세기적 삶, 특히 기업 경영의 키워드다. 스톡 옵션을 생각해 보라. 거기엔 꿈을 공유한다는 뜻이 숨어 있다. 나와 다른 사람에 대한 열린 사고가 앞서야 비로소 꿈을 공유할 수 있다. 바로 그런 마인드로 제국을 건설하고 경영했기에, 정복자 몽골인들은 피정복자 중국·아랍·유럽인들과 한 데 어울려 150년을 살아갈 수 있었다.

그렇다면 도대체 무엇이 가난한 유목민들로 하여금 세계를 정복하고 피정복자들과 함께 살아가는 거대한 꿈을 꾸게 만들었을까.

제로섬 게임의 땅

몽골에는 '강(Gan)'과 '쪼드(Dzud)'라는 두 재앙이 있다. 강은 이상 기온에 따른 집중적 가뭄이고, 쪼드는 가뭄 뒤에 때 이르게 들이치는 강추위다. 두 재난은 농경 정착사회가 겪는 태풍이나 지진보다 훨씬 무섭고 위협적이다.

1999년 12월 31일, 세계는 새 밀레니엄 맞이에 들떠 있었다. 그때 몽골 고원의 3,300만 가축들은 죽음의 축제를 맞았다. 강과 쪼드가 연이어 들이닥쳐 2000년 6월까지 300만 마리가 넘는 가축이 죽었다.

몽골 사람들은 그런 재앙을 대대로 겪었다. 가축이 죽으면 사람도 먹을 거리가 없어져 따라 죽는다. 그런 상황에선 전쟁이나 약탈도 불가피하다. 죽어 널브러진 가축들 곁에서 유목민의 최고 가치는 '살아 남는 것'이 된다. 그러자면 무엇보다 스스로 강인해져야 한다. 몽골 유목민의 강인함은 바로 '자연에 맞서는 생존 본능'에서 비롯했다. 그 본능은 지금껏 온전히 이어 오는 성인식에서 엿볼 수 있다.

몽골 사람들은 해마다 처음 닥치는 눈보라를 중시한다. 그 눈보라가 사흘째 몰아치는 날, 그러니까 가장 혹독하게 추운 날 성인식을 치른다. 그 광경은 말 그대로 한편의 장엄한 드라마다. 영하 40도, 눈을 뜨기 어려울 만큼 세찬 바람이 휘몰아치는 허허벌판. 두터운 가죽옷을 입고 털모자를 눌러 쓴 몽골 아이 10여명이 말 위에 앉아 무언가를 기다린다. 갓 열 살이 된 앳된 소년들은 살을 에는 추위와 바람에 볼을 발갛게 물들이며 스스로 한톨 점이 되는 막막한 우주공간을 체험한다. 부모의 배려로 이성 친구들을 초대해 소꿉놀이 하듯 어른들 연애 감정을 흉내 내는 서양 청소년들과는 달라도 한참 다르다.

이윽고 신호가 떨어지면 소년들은 말을 내달린다. 왕복 80 킬로미터에 이르는 눈보라 길의 출발이다. 소년들은 지평선 끝에서 사라졌다가, 두 시간이 지나서야 다시 지평선 위로 점점이 모습을 드러낸다. 그러면서 무언가 알아 들을 수 없는 외침을 말발굽 소리에 실어 보내 온다. 너무나 추운 나머지 아이들은 귀환 지점을 보면서 울분과 환희에 휩싸여 목청껏 소리를 지르며 달려 온다. 그 고함은 인내의 한계를 넘는 시련의 고문을 이기느라 내지르는 비명이자, 시련의 끝을 발견하고서 터뜨리는 환희와 격정의 탄성이다.

이 통과의례의 결실은 즉석에서 확인할 수 있다. 눈보라를 뚫고 온 아이들과 말의 모습은 참혹하다. 하지만 소년들의 눈빛 만큼은 형형하다. 어떤 소년은 너무나 힘든 나머지 고삐를 놓쳐 말에서 떨어지기도 한다. 하지만 숨이 끊어지는 법은 있어도 말 타기를 포기하는 법은 없다. 스스로 일어나 다시 말 등에 오르지 않으면 그 추위를 벗어날 길이 영영 없기 때문이다.

말의 입가엔 온통 입김이 허옇게 얼어 붙은 고드름이 매달려 있다. 흘린 땀이 온 몸에 얼음으로 붙어 있으면서도 뜨거운 김을 펄펄 내뿜는다. 말 고삐를 쥐었던 소년들의 손도 얼어 퍼렇게 동상을 입었다. 고삐를 놓치지 않으려면 동상 걸린 손이 아무리 고통스러워도 참고 견디는 수밖에 없다. 소년들은 돌아와서야 동상 걸린 손을 눈 속에 파묻고 비빈다. 이냉치냉(以冷治冷). 동상 든 손은 비로소 다시 피를 돌리기 시작한다.

이렇듯 몽골 아이들은 시련의 들녘에서 강인하게 벼려진다. 절벽 아래로 새끼를 떨어뜨려 스스로 올라오는 새끼만 거둬 기르는 사자의 선택에 다름 아니다. 문명의 울타리 밖에서 인간은 스스로 강인해질 수밖에 없다. 생존 본능이라 불러도 좋고, 자연의 선택이라 해도 좋다. 몽골인은 스스로 '푸른 늑대의 후손' 이라 칭한다.

800년 전, 몽골 유목민은 무자비한 내전에 휘말려 있었다. 메르키트, 케레이트, 나이만, 타타르 그리고 몽골까지 다섯 부족으로 주요 세력권이 나뉜 채 언제 끝날 지 모를 싸움이 이어졌다. 목초지, 가축, 약탈물을 차지하고 다른 유목 집단을 복속시키려는 싸움이었다. 당시 전투가 얼마나 치열했는지를 몽골 최고(最古) 역사서 『몽골비사』는 이렇게 기록하고 있다.

수많은 별을 지닌 하늘도 돌고 있었다.

모든 나라는 우리를 배반했다.

편안히 침대 위로 들어가 자지도 못하고 서로 노략질했다.

푸른 풀로 덮인 대지도 구르고 있었다.

온 나라가 서로 다투고 있었다.

편안히 이불 속에 들어가 눕지도 못하고 서로 공격했다.

희망은 어디에 있을까. 서로 다른 부족끼리는 물론 부족 내부에서조차 끊임 없이 투쟁하며 살아가는 이들에게 누가 평화를 가져다 줄 것인가. 죽이지 않으면 죽임을 당하는 몽골 고원은 동족을 상잔하는 제로섬 게임의 무대가 되어 있었다. 천신만고 끝에 내전을 종식시키고 고원을 통일한 칭기스칸은 결론을 내렸다.

가난과 전쟁의 공포로부터 몽골인들을 해방시키는 길은 몽골 고원 바깥에 있다. 고원 안에서 아귀다툼 할 게 아니라 고원 밖으로 나가자. 그래야만 모두가 배불리 먹고 살 수 있고 더 이상 동족상잔을 하지 않아도 된다.

비록 글을 읽을 줄 모르는 문맹들이었지만 몽골 유목민은 칭기스칸의 결정을 따랐다. 고원 밖으로 시선을 돌려 하루에도 몇 백 킬로미터씩 대지를 내달렸다. 그러면서 그들이 질주하는 여정을 따라 세계 질서가 그들 눈 앞에서 바뀌어 가는 것을 보았다. 그들 앞에 무릎 꿇는 농경 정착민들을 보면서 머물러 사는

자의 안락이 얼마나 무서운 것인가를 목격했다. 안락은 스스로
를 안락사시킨다.

질주를 잠시 멈추고 보스턴 컨설팅의 보고서를 보자.

매일 아침 아프리카에선 가젤이 눈을 뜬다.
그는 사자보다 더 빨리 달리지 않으면 죽으리라는 것을 안다.

매일 아침 사자 또한 눈을 뜬다.
그 사자는 가장 느리게 달리는 가젤보다 빨리 달리지 않으면
굶어 죽으리라는 것을 안다.

당신이 사자이건 가젤이건 상관없이
아침에 눈을 뜨면 당신은 질주해야 한다.

길을 닦는 사람들, 성을 쌓는 사람들

유목민은 어떤 사람들인가.

　유목민은 끊임 없이 이동하면서 한시도 경계를 소홀히 하지 않는다. 떠돌아 다니는 삶에 맞춰 소지품을 간소화하고 정보를 능란하게 수집하고 속도를 중시한다. 또한 오아시스 위치를 아는 것을 최고 가치로 여긴다. 그렇게 해서 서로 접속하고 소통하는 공동체를 만들어 낸다.

　유목민은 지금껏 제대로 평가 받지 못했다. 이유는 크게 둘이다. 우선, 그간 역사 서술이 기록 중심 사관에 편집증처럼 집착했기 때문이다. 유목민에게 문자가 전혀 없었던 건 아니지만, 그들의 문자 의존도는 매우 미약했다. 유목민에 관한 기록은 대부분 정착민 쪽에서 쓰여 졌다. 그래서 기록된 것보다 기록되지 못한 것이 많았다. 기록된 부분들에도 오해와 곡필이 많았다. 기록하는 측은 이견의 여지 없이 자기들을 '문명인' 으로 상정한다. '야만족', '파괴자', '비(非)문명' 같은 단어를 붙이면서 기록자들은 유목민의 성격부터 악의적으로 채색했다. 유목민에게 공격-지배 당했던 사건의 기술에는 극도의 피해 의식이 가미됐다. 자기네가 유목민을 공격했던 시기에 관해서는 과도한 우월감을 드러냈다.

유라시아 유목민의 행적은 주로 중국 역사가들의 눈으로 관찰됐다. 그들의 편견은 호칭에서부터 시작한다. 흉노(匈奴)는 시끄러운 종놈, 돌궐(突厥)은 날뛰는 켈트족, 몽고(蒙古)는 아둔한 옛 것……. 명백히 문자의 폭력이다. 한자라는 상형문자가 사람들 마음에 심는 조형의 힘은 알파벳을 비롯한 표음문자와는 판이하게 강력하다. 아메리카를 똑같이 '미국'이라 부르더라도, '쌀 미(米)' 로 표기하는 것과 '아름다울 미(美)' 의 나라라고 쓰는 게 전혀 다르듯.

둘째, 그간 역사가 오직 공간만을 중심에 놓고 관찰됐기 때문이다. 역사는 다음과 같이 쉽고 명쾌하게 정리된다. 인간은 출현 이후 19만 년 동안 채집이나 수렵 생활을 하다 지금부터 1만 년 전에 하천을 중심으로 농업혁명을 일으켰다. 이후 잉여 생산물이 생겨났고, 그로부터 경제가 본격적으로 발전되고 정착생활이 시작됐다. 6,000년 전, 티그리스-유프라테스강, 나일강, 인더스강, 황하 유역에서 도시 문명이 일어났다. 이후 산업혁명을 거쳐 지식혁명까지 인류는 특정 장소들을 중심으로 문명을 일궈왔다. 처음에는 하천 주변에서 인류 문명이 발달하다 지중해, 카스피해 같은 내해와 연안으로 옮겨갔고, 300년 전부터 대서양문명 시대가 계속돼온다는 식이다. 이런 역사 관찰방식은 거의 거부감 없이 받아 들여지고 있다.

그러나 그것이 사실일지언정 진실은 아니다. 인류사가 자랑해온 4대 문명 발상지는 정확한 용어로 다시 표현하면 4대 정착문명 발상지라 해야 옳다. 4대 정착문명 거점들은 자연 환경과 역사 경험에 따라 매우 다른 개성들을 지니기도 하지만 상당히 공통된 특성도 보인다. 예를 들어 하나 같이 물가에서 출현했고, 식물을 중심에 두고 사고했으며, 오직 씨를 뿌려 거두기를 삶의 기본이자 세상의 표본적 질서로 여겼다. 그렇게 해서 성을 쌓고 울타리를 늘리며 관료제를 발달시켰으며, 공간 이동을 꺼렸다.

농경 정착민들의 우선 관심 대상은 경작할 토지와 비를 내려 줄 하늘이다. 옆을 볼 필요 없이, 위(하늘)와 아래(땅)를 봐야 한다. 정착민들은 한 자리에 붙박혀서 먹을 것과 입을 것을 해결한다. 이웃 사람, 이웃 마을, 이웃 나라와 교류할 필요를 별로 느끼지 못한다. 그만큼 폐쇄적이다. 세상 넓은 것도 알지 못한다. 그런 사회에서는 소유 의식이 강해지고 관료제가 발달한다. 천자와 왕을 대신하는 관리가 나서서 사람들 사이 분쟁을 해결하고 세금을 징수하며 행정을 편다. 정착사회는 이처럼 수직 마인드를 기초로 삼게 된다. 잘만 운영하면 모든 것을 평생 보장하는 종신형 사회이자, 식물형 사회이며, 수직 사회다.

그러나 그 사회가 자기 정화력과 절제력을 잃어버릴 경우 온갖 폐해를 드러낸다. 제도피로(制度疲勞) 현상이다. 사람과 사람 사이를 가로막는 계급과 계층들이 먹이 사슬처럼 생겨난다. 위에 있는 사람들은 군림하면서 아래를 착취하려 든다. 아래에 있는 사람들은 위에 아첨하면서 자기보다 더 아래에 있는 사람들에게 군림하고 착취하려 한다. 그러면서 부정과 부패가 창궐한다.

군림과 착취 구조를 가장 확실하게 지켜주는 것이 '자리'다. '관리(官吏)'를 연상할 필요도 없다. 길거리 좌판상도 '자릿세'를 물어야 장사를 할 수 있다. 자리를 차지하고 이권을 지키려고 사람들마다 혈연으로 뭉치고, 지연으로 묶고, 학연으로 얽어 맨다. 그리고 '나와 다른 사람들'을 거부하고 멸시하며 외면한다. 다른 고장 출신, 다른 학교 출신, 다른 집안 사람, 다른 부처 사람, 다른 나라 사람, 다른 종교를 믿는 사람과 함께 하는 것을 '적과의 동침'만큼이나 거북하게 여긴다.

그런 곳에서는 남에 대한 봉사, 효율, 생산성, 투명성 따위가 구호로만 떠돌아 다닌다. 수직 사회에서 창의력 약화는 필연이다. 윗사람은 아랫사람에게 시키기만 하면 되고, 아랫사람은 윗사람이 시키는 대로만 하면 된다. 대신 기억력이 존중되고 발달한다. 머리가 좋다는 것은 기억력이 좋다는 것과 다름없다. 모든 경쟁도 기억력 겨루기가 핵심이다. 기억력을 중시하는 사회는 미래를 사는 게 아니라 과거를 산다. 그런 사회는 허수(虛數)가 실수(實數)를 밀어낸다. 모두 저 잘난 줄 알지만 남이 보기에는 벌거벗은 임금님들의 축제에 불과하다. 자기가 태양 주위를 도는 게 아니라 천하가 자기를 위해 도는 줄 착각하는 천동설의 신봉자들이 된다. 그런 사회는 닫힌 사회에 그치는게 아니라 아예 갇힌 사회가 된다. 수직적 사고가 낳는 해악들이다.

그에 반해, 유목 이동민들은 항상 옆을 바라 봐야 살아 남을 수 있다. 생존하려면 싱싱한 풀이 널린 광활한 초지를 끝없이 찾아 헤매야 한다. 그래서 더 뛰어난 이동 기술을 개발해야 하고 더 좋은 무기로 무장해야 한다. 그들에겐 고향이 없다. 한번 떠나면 그만이다. 초원에는 미리 정해진 주인도 없다. 실력으로만 주인 자리를 겨룰 뿐이다. 지면 재산을 빼앗기고 상대편 노예가 된다. 이기면 재산을 늘리고 노예도 거느릴 수 있다. 노예가 된 사람은 주인을 위해 열심히 싸워 노예를 면하고 새 부족에서 새 삶을 살아 갈 수 있다. 기회는 항상 열려 있다. 그들은 그렇게 세상을 향해 달려간다.

살기 위해 위가 아니라 옆을 봐야 하는 수평 마인드의 사회, 살기 위해 집단으로 이동해야 하는 사회가 유목사회다. 그 속에선 단 하루도 현실에 안주하는 게 허용되지 않는다. 끝까지 승부 근성을 놓지 않고 도전해야 한다. 그곳에서는 '나와 다른 사람'이 소중하다. 민족이, 종교가, 국적이 다르다는 것도 무시해 버려야 한다. 아니 다른 사람일수록 더 끌어들여야 한다. 사방이 트인 초원에서는 동지가 많아야 살아 남고 적이 많으면 죽게 된다.

그런 사회에선 완전 개방이 최상 가치로 통한다. 모든 개인의 개방화는 사회 전체로 확산된다. 그렇게 해서 그 사회는 출신이나 조건에 얽매이지 않는, 능력에 따라 무한 가능성을 보장하는 사회가 된다. 그 속에선 효율과 정보가 무척 중요하다. 이동과 효율과 정보의 개념 속에서 시스템이 태어난다. 자리는 착취와 군림 수단이 아니라 역할과 기능을 발휘하는 곳이다. 최고 자리에 앉는 사람은 군림하는 통치자가 아니라 리더다. 그 자리에 누가 앉느냐는 것은 씨족이나 부족의 생사와 직결되는 문제다.

얼마 전 우리나라에 개봉된 애니메이션 『다이너소어』는 리더가 무엇인가를 잘 보여주는 영화이다. 이 만화영화는 죽음의 위기에 몰린 공룡들의 처절한 생존 투쟁을 다룬다. 리더가 길을 잘

	유목 이동 민족	농경 정착 민족
주거 방식	이동식, 조립식	영구적
생업	목축, 수렵	농업
토지	공동 이용(소유 개념 없음)	개인 소유
지도 체제	씨족장, 부족장	국왕, 재상 등 관료제
법률	관습법(수십 가지에 불과)	법률이 복잡하게 발달
학문	자연과학(기술 중시)	인문사회(이념, 사상 중시)
상업	존중	천시
사고 방식	수평적(자유로운 토론)	수직적(상명하복)
	창의적	권위적
	서비스, 봉사	군림, 착취
종교	샤머니즘	유교
인물 평가	전투 능력 중시	출신 계급 중시
지도자 선출	귀족 회의에서 선출	세습
조직	전투, 기술 능력 중심 조직	혈연, 지연, 학연 중심 조직
장례	풍장(風葬), 조장(鳥葬)	매장(埋葬)
삶의 방식	약육강식(결과가 중요)	삼강오륜(과정이 중요)
중요한 재산	이동 수단(말)	씨앗(내년 농사용)
공동 의식	협동, 집단 의식 강함	혈연, 지연, 학연 의식 강함
	집단 전투, 수렵, 유목	배타적인 집단 이기주의
이민족에 대한 생각	호의적(인종 무관)	배타적(혈통주의)
이교도에 대한 생각	호의적(종교 자유)	배타적(탄압)

● 유목 이동 민족과 농경 정착 민족의 마인드 비교

못 인도하면 곧 종족 전체의 공멸로 가고 만다. 어디로 가야 살아날 수 있을 것인지 결정하는 기로에서 리더의 중요성은 더 이상 말할 필요가 없다. 유목민들에게 리더의 중요성은 이에 못지않다. 그래서 철저한 검증을 거쳐 리더를 선출한다. 선출된 리더에게는 절대 권한을 부여한다. 구성원들은 그의 명령에 일사불란하게 따른다.

유목민에 대한 정착 문명권의 오만과 멸시는 20세기가 저물 때까지 계속됐다. 그러나 21세기가 시작되자 서구 문명은 유목민을 다시 보기 시작했다. 프랑스의 석학 자크 아탈리는 "부유한 사람들은 즐기기 위해 여행할 것이고 가난한 사람들은 살아남기 위해 이동해야 하므로 결국은 누구나 유목민이 될 수밖에 없을 것"이라고 말한다. 미국의 미래학자 앨빈 토플러도, 프랑스 문화비평가 기 소르망도 비슷한 주장을 폈다. 이미 휴대폰과 노트북 컴퓨터들이 사이버 세계의 기마 궁사(말을 타고 활을 쏘던 병사)들을 양산하고 있다. 오랜 세월에 걸쳐 인간의 이동적 삶을 감내해온 말(馬)은 이제 인터넷으로 대체되고 있다.

아침이면 달려야 하는 아프리카 사자와 가젤처럼, 인류에게 질주는 선택이 아니라 필수다. 유목민들의 생존을 위한 질주가, 21세기 초입에선 사람들의 일상이 됐다. 이제, 이동적인 관점이 모든 인간의 잠재적 자세이며, 인간 존재의 기본 범주들 가운데 하나라고 말해야 할 상황에 이르렀다.

세상은 변하고 있고, 역사를 바라보는 시각도 달라지고 있다.

몽골 초원을 여행할 때, 인간이 장소 중심이 아니라 시간 중심으로 사고하는 충격적 장면을 목격한 적이 있다. 어느 겔(Ger)을 방문했다. 겔이란 중국에선 파오로 알려진, 몽골 사람들의 집이다. 텐트처럼 손쉽게 짓거나 철거할 수 있게 돼있다. 중앙에 기둥을 세우고 벽은 버드나무 격자로 틀을 만든 후 이 틀에 양털로 만든 천을 둘러서 둥그렇게 짓는다. 가벼워서 이사하기 편하고, 여름의 뜨거운 태양과 겨울의 찬 바람을 이기기에 안성맞춤이다.

그 겔에서 잠을 자다 소변이 급해졌다. 하지만 겔 바깥을 사나운 개가 지키고 있어서 꼼짝할 수 없었다. 몹시 난처한 몸짓을 보였더니 주인은 두 뼘도 안 되는 끈 하나를 챙겨 개를 불렀다. 나로선 어리둥절할 수밖에. 정착민의 사고 속에서 개를 묶는 방법은 목에 올가미를 씌워 어느 한 곳에 구속시키는 것쯤이 유일하다. 한데 두 뼘도 안 되는 끈으로 어떻게 개를 붙잡아 둘 수 있을까.

그 유목민은 간단히 해결해 버렸다. 한쪽 앞다리의 무릎을 접더니 끈으로 칭칭 감아 개를 '절름발이'로 만들어 놓았다. 세상에, 정착민의 방식이 개의 활동 공간을 제한해 구속하는 것이라면, 유목민의 것은 시간(개의 속도)을 구속해 개의 활동력을 약화시키는 방식이었다.

그들은 아이를 키울 때도 우리와 다른 방식을 쓴다. 우리는 아이를 업어 키운다. 등이라는 장소를 중심으로 키우는 셈이다. 하지만 유목민들은 아이의 두 발을 명주실로 살짝 묶어 두는 것으로 그만이다. 아이가 하루 종일 걸어도 말 타고 30분이면 찾아올 수 있는 거리밖에 갈 수 없다. 이 역시 시간 중심 사고요, 나아가 속도 중심 사고다. 바로 이것이 유목민 마인드가 정착민의 마인드와 다른 점이다. 그리고 이는 유목민을 이해하는 데 많은 영감과 착상을 준다.

달에서 보면 지구엔 단 하나의 축조물만 보인다고 한다. 만리장성이다. 성곽의 역사는 오늘 인류에게 자기네 과거사를 증빙하는 일종의 기념비로 되새겨진다. 그곳에는 지난날 소위 '문명'이라는 것이 '야만'과 싸우며 걸어온 족적과, 성 안의 백성들을 보호해 온 제왕들의 영광이 남아 있다.

그러나 21세기 관점에서 보면 그 족적이란 그다지 자랑할 만한 게 못될지 모른다. '지구촌 시대가 불가피했다'는 관점을 수용한다면, 성(城)은 그 내부에 어떤 역사적 사정이 담겨 있다 하더라도 '지상에 세운 칸막이'이다. 칸막이는 대지의 연속성을 단절시키고, 사회와 사회, 문명과 문명 간 소통을 차단한다. 이 단절과 차단의 칸막이는 열린 세상을 꿈꾸는 자들에게 과거 문명에 대한 회의(懷疑)를 불러 일으킨다. 그 회의의 눈으로 보면 문명의 칸막이들은 무척 낯뜨거운 것들이다. 빛의 속도로 돈과 정보가 오가는 21세기엔 국경의 의미도 희미해진다.

정착문명 사람들이 만리장성을 쌓으며 제 이익과 기득권 보호에 혈안이 돼있을 때, 유목 이동문명 사람들은 길을 닦았다. 만리장성보다 더 소중한 인류 유산으로 일컬어지는 실크로드다. 실크로드라는 이름은 리히트호펜이라는 독일 학자가 '자이덴슈트라세' – 영어로는 실크로드, 우리말로는 비단길 – 라고 부른 데서 비롯했다. 중국과 로마 사이에 교역로가 있었고 그리로 비단이 오갔다 해서 붙인 이름이다.

하지만 실크로드는 중국과 로마의 도로건설 책임자들이 만나서 합의해 만든 게 아니다. 이를테면 대전 사람들이 천안까지 왔다 갔다 하다 보니 오솔길이 생기게 되고, 사람들 왕래가 잦아지면서 오솔길이 큰 길 되는 식이다. 실크로드는 유라시아 대륙 복판 초원 유목지대에 형성됐다. 유목 이동문명 세계의 인간들이 마침내 동·서양의 소통과 교류를 실현해 낸 것이다.

그렇다면 유목민들은 왜 그리도 머나먼 길을 오가게 됐을까. 대답은 그들이 삶을 시작한 유라시아 초원에 있다.

수렵과 어로로 살아가던 원시 인류의 삶은 매우 불안정했다. 그로부터 획기적인 변화가 일어난다. 식물을 순화시키는 능력, 즉 농경문명의 시작이다. 씨를 뿌리고 거두며 살아가는 농경문명은 인간 생존 능력을 극대화하게 된다. 그 연장선에서 있었던 일들은 그 간 역사가 설명하는 그대로다.

한데 지상에는 농경이 전혀 불가능한 장소가 생겨나고, 거기에서 또 다른 역사가 펼쳐진다. 빙하기가 끝나 가면서 농경 정착한 인류사회를 엄청난 자연 재해가 습격한다. 그 결과 유라시아 내륙을 강추위와 마른 바람이 덮치면서 내륙은 사막과 초원으로 바뀌게 된다. 이때 지상에 살던 생물의 태반은 혼비백산하여 살 길을 찾아 떠났다. 이들이 동서남북으로 흩어지고 난 뒤에도 남은 것이 있었다. 풀이었다. 그리고 풀을 좋아하는 초식동물이 남았다. 흥미롭게도 그 초식동물을 잡아 먹고 사는 맹수들도 남게 됐다.

이 폐허에서도 인류는 가능한 삶의 형태를 찾아냈다. 동물을 순화시켜 먹거리를 만들어 내는 유목민의 삶이다. 이는 자연지리학적 관점에서 보나 인문지리학적 관점에서 보나 매우 획기적인 의의를 갖는다. 지구의 광활한 영역인 대륙의 폐허에서 인간이 살 수 있게 됐다는 것 자체가 큰 사건이다. 만약 이 유목사회가 존재하지 않아 대륙과 대륙이 단절됐다면, 해양을 매개로 삼는 소통만으로는 인류 경제성장이 결코 오늘에 이르지 못했을 것이다. 어쨌건 이로써 식물을 지배해 사는 세상과 동물을 다루어 사는 세상 사이엔 엄청난 차이가 생겨 난다.

여기서 우리는 한 가지 이상한 현상을 발견하게 된다. 우리가 지금 숨 쉬고 있는 사회는 분명히 농경 정착문명의 후예가 되는 사회다. 그리고 우리의 역사는 몇 천 년에 걸쳐 야만과 싸워 승리한 역사다. 이제 그런 야만은 더 이상 발을 붙일 수 없는 지점에 도달했다. 따라서 다시는 유목민 문제로 고민할 이유도 없어졌다. 그런데 왜 그 최고 지점에 당도하자 인류는 느닷 없이 유목민 사회를 떠올리게 됐는가. 아무래도 인류가 걸어온 역사에 대한 인식의 틀에 뭔가 수정이 필요한 게 아닐까. 유목민 문제를 재론하는 이유가 여기에 있다.

우리는 1만 년 가깝도록 농경 정착사회에서 살았다. 그래서 지금 우리가 가지고 있는 것들, 즉 권력, 민주주의, 예술 들은 모두 정착문화 성격이 짙다. 뿌리, 땅, 집 따위를 소유하는 게 최고 가치였던 시대의 산물이다. 그러나 21세기 들어 패러다임이 바뀌고 있다. 성을 쌓고 살던 정착민의 수직적 사고로는 21세기를 이끌 수 없다. 오랜 정착문화식 의식과 습성들이 폐단으로 작용하면서 새로운 이동형(型) 문명이 도래하기 시작했다. 마치 동물을 끼고 살던 옛 유목민의 마인드 같은, 수평적이고 개방적인 사고(思考)들이 '질서화' 하고 있다. 경계와 벽을 모르고 세상을 누비던 유목민의 수평적 사고가 절실한 시대가 왔다.

몽골 수도 울란바토르 근교에는 돌궐제국을 부흥시킨 명장 톤유쿠크의 비문이 있다. 당시 유목민이 겪었던 눈물 겨운 사연들을 구구절절 기록하면서, 장군의 유훈(遺訓)을 새겨 놓았다.

성을 쌓고 사는 자는 반드시 망할 것이며
끊임 없이 이동하는 자만이 살아 남을 것이다.

닫힌 사회는 망하고 열린 사회만이 영원하리라는 이 말은 글로벌 인터네티카 시대를 살아가는 모든 이에게 매서운 교훈이 될 것이다.

유목민을 찾아서

소설 『25시』의 작가 게오르규는 『마호메트 평전』(초당출판사, 2002년 간)에서 마호메트가 유목민이었다며, 유목민의 발생과 그들의 특성을 이렇게 설명한다.

아랍인은 모두 남부에 있는 아라비아 페릭스에서 추방된 사람들이다. 어떤 때는 가뭄, 전쟁, 제방 붕괴와 대홍수, 또 어떤 때는 강물이 불어나 밀려가듯 인구가 너무 늘어나면서 잉여 인구가 추방되기도 했다. 갈 곳이라고는 북부밖에 없었다. 북부는 사막이었다. 안주하고 있던 사람들도 일단 사막 속으로 들어가면 살아 남기 위해 유목민이 되는 수밖에 없었다. 사막에서 가능한 단 한 가지 생활수단, 유목생활 만큼 가혹한 생활형태는 달리 없었다. 남쪽은 아랍인의 요람, 북쪽은 그들의 무덤이라는 속담이 전해 온다. 하지만 아랍인은 사막을 건너 혹독한 유목사회에서 생존했을 때 정화되고, 다른 인간에 대한 우월감, 선민의식을 갖게 된다. 유대인들만 해도 40년이나 사막을 방황한 끝에 새로운 민족으로 소생했다. 사막에서는 살아 남기 위한 맹렬한 투쟁을 거쳐 육체적 조건과 덕성을 갖춘 인간이 선별되기 때문이다.

그늘로 피할 나무 한 그루 없이 황량한 자연에서 인간은 스스로 생존을 의심하게 된다. 이는 유목민들이 처한 근원적 고난이기도 하다. 하지만 그 속에서도 유목민만의 삶의 방식이 생겨난다. 살아있는 인간들의 관계가 그것이다. 게오르규의 유목민 이야기는 계속된다.

사막에서 살려면 강렬한 연대의식과 함께 개인 자질과 인간 가치에 대한 평가가 따르게 마련이다. 찌는 듯 더운 사막에서는 천박한 행위나 천박한 성격은 배제되고, 응결된 높은 특성, 인간관계를 지배하는 율법과 전통만이 남는다. 유목민은 씨를 뿌리지도 땅을 경작하지도 않으며, 가축과 천막 외에는 아무 것도 소유하지 않는다.

유목민이라는 그들의 자부심은 대단했다. 그들이 남긴 기록은, 천지를 창조할 때 신은 바람을 부르고, 바람으로부터 베두인을 창조했다고 말한다. 신은 베두인의 비곗살을 잘라내 말(馬)을 창조해 냈다. 이어 나귀를 창조하고, 나귀의 똥에서 생긴 것이 정착민, 즉 집이나 도시나 마을을 짓고 사는 무리들이라 한다.

베두인은 시리아, 이란, 아라비아, 아프리카 북부의 건조지대에 사는 유목민을 이른다. 그들은 우기에는 사막으로, 건기엔 물이 풍부한 지역으로 이동한다. 여름에는 높은 지대로, 겨울엔 낮은 지대로 옮겨 간다.

그들은 굶주림을 이기려고 하구(Hagou, 남자용 띠)나 베림(Berim, 여자용 띠)으로 위장을 조이고 살면서도 유목민임을 포기하지 않는다. 그들이 생각한 이상적 유목민은 어떤 모습일까.

참다운 베두인은 낙타만을 소유한 자다. 사막을 방랑하는 그들에게 최대 관심사는 기동성이다. 그러니 움직임을 둔하게 할 무거운 물건은 결코 소유하려 들지 않는다. 위대한 낙타꾼은 바로 자유로운 인간을 뜻한다. 그들은 '한 번 깨어난 곳에서 두 번 다시 잠들고 싶지 않다'고 말하며 그렇게 살기를 바랐던 어느 시인처럼 산다.

그렇게 사막에 가장 가까이 살며 낙타를 사육해 승용(乘用)은 물론 식육(食肉) 유제품(乳製品)에 이용하는 종족이 가장 존경을 받는다. 그 다음이 주변지역에서 소, 양, 산양을 방목하는 종족. 최하위는 유목을 하지 않고 농경에 종사하는 종족이다.

유목민들은 가난할지언정 정착하는 삶을 동경하지 않는다. 그들은 스스로 매우 높은 도덕률을 지니고 있다. 자기 문화에 대해 정착문명 사람들보다 높은 긍지와 자부심을 갖고 있다. 카자흐 지역에 사는 유목민들은 지금도 자식을 꾸짖으면서 "네 놈은 네 똥이 있는 데서 계속 뒹굴며 살아라"고 말한다. 똥은 정착사회를 비하하는 표현이다. 정착사회에서는 똥도 한 자리에 쌓이기 때문이다.

　유목민을 이해하는 또 하나 코드는 인간과 동물 관계에 있다. 유목민에게 동물은 어떤 의미를 지닐까. 단지 자기 생존을 위한 도구로써만 가치가 있다고 생각했을까. 아니다. 그들은 동물들에게서 자연에 대항한 생존 방법, 삶의 방식을 배웠을 것이다. 그들의 스승은 동물이었다.

　동물들은 어떤 사회를 이루고 있을까. 『동물들의 사회생활』(지호출판사, 2002년 간)을 쓴 리 듀커긴은 이렇게 말한다.

　흡혈박쥐는 40시간 동안 피를 공급 받지 못하면 죽는다. 그렇게 죽어 가는 동료가 곁에 있으면 이들은 자기 피를 토해 나눠 준다. 이렇게 극단적인 이타성은 다윈의 자연선택에 대한 도전임에 틀림 없다.

　다윈의 친구 토마스 헉슬리는 동물세계에서 협동은 저주라고 했다. 그는 '이빨과 발톱을 피로 물들인 자연'이라고 말했다. 누군가를 돕는 것은 자기 생존에 불리하게 작용하기 때문이라 한다. 과연 그럴까……

　몽구스는 부모가 외출하면 집에 남아 동생들을 돌본다. 적을 보면 자기는 먹힐지언정 소리를 질러 무리를 대피시키는 땅다람쥐도 있다. 침입자를 쏘고 장렬하게 죽는 벌이나, 무리를 위해 뜨거운 사막을 돌아다니는 여왕개미들의 희생정신은 무리의 생존을 위해, 더 나아가 자기 유전자의 생존을 위해 진화한 본능이다.

　유목민들은 동물과 함께 살면서 '진화된 본능'을 소유하고 있었을 것이다. 동물에 관한 유목민 기록은 돌궐의 시조 설화에서도 보인다.

투르크계 일족인 돌궐은 흉노의 북방에 모여 살았다. 어느 날 적이 쳐들어와 부족을 모두 죽였다. 살아 남은 사람은 열 살 된 소년뿐이었다. 불행하게도 소년은 발이 잘려 있었다. 그때 늑대가 나타났다. 늑대는 소년을 양육했다. 그 늑대는 암컷이었다. 얼마 후 늑대는 소년의 아이를 잉태했다. 늑대는 적을 피해 동굴로 도망가 아들 열을 낳았다. 아들들은 장성하자 흩어져 결혼했다. 그 중 하나가 아시한(아사나)이었고 그 후손들이 세운 국가가 돌궐이다.

설화에서 알 수 있듯이 그들에게 늑대는 신성한 존재다. 초원 생태계의 맨 꼭대기에 있는 늑대는 유목민에게 두려움의 대상이자 부러움의 대상이다. 그래서 사람들은 칭기스칸을 '잿빛 푸른 늑대'라 칭하며 존경을 표한다. 칭기스칸을 이야기할 때 빠질 수 없는 특징 또한 늑대의 기질이다. 그는 어린 시절 아버지를 잃고서 늑대처럼 고독하게 살았다. 정복자 시절엔 늑대처럼 계절과 시간을 절묘하게 선택해 적을 공격했고, 늑대처럼 기습 공격을 선호했다. 공격할 때엔 늑대처럼 시각적-심리적 효과를 극대화했다. 이는 늑대가 인간에게 극도의 공포심과 어떤 메시지를 주는 심리전까지 할 줄 알았다는 뜻이기도 하다. 몽골에는 늑대에 관한 이런 기록도 있다.

늑대는 삼림성 동물이라 초원에 사는 유목민과는 부딪칠 일이 없다. 하지만 유목민들이 가을 영지(유목민들은 가축을 방목하는 초지를 영지라 부른다)에서 겨울 영지로 이사하느라 산간으로 이동하면서 숲에 사는 늑대를 자극하게 된다. 늑대가 유목민들의 가축을 습격하는 것도 이 때다.

하지만 입장을 바꿔 생각한다면 늑대의 영역에 유목민이 쳐들어간 형국이다. 늑대는 먹이를 얻기 위해서가 아니라 자기 영역을 지키기 위해 공격을 감행한 것일 수 있다.

늑대가 공격하는 시기는 주로 가을 이후. 가을엔 가축들이 가장 살 쪄 있는 시기여서 움직임이 느리다. 피해가 더 클 수밖에 없다. 늑대는 유목민 가족이 모여 저녁 식사를 하는 때와 잠자리에 들어 조용한 새벽에 공격한다. 평소에 인간들의 움직임을 봐뒀다가 가장 허술할 때를 틈타 허를 찌른다.

늑대는 우선 양들부터 습격한다. 양이 모여있는 곳에 뛰어든 늑대는 중심부를 관통해서 가장 힘 좋은 양부터 목을 물어뜯는다. 양은 목을 물리면 그 자리에서 죽는다. 늑대는 혼자 양 떼를 덮쳐 양을 하나하나 죽이고 돌아가는 방식을 택한다. 자기 영역을 침범한 유목민들에 보내는 일종의 경고인 셈이다.

늑대는 한 번 짝을 지으면 평생 그 짝을 버리지 않는다. 새끼에 쏟는 애정 또한 다른 동물에게서 볼 수 없게 유별나다. 새끼에게 위험이 오면 어미 늑대는 반드시 복수한다. 해를 끼친 사람의 뒤를 쫓아가 봐뒀다가 그가 소유한 가축을 최대한 많이 죽이고 사라진다. 초원의 사냥꾼, 늑대는 유목민에게 필요한 전투적 정신과 야생적 힘을 형상화하고 있다. 늑대의 끝없는 복수심은 유목민들의 피에 흘러 들어 그들을 강인하게 만들었다 할 수 있다. 복수는 초원의 법칙이다. 앞 세대에서 다음 세대로 이어지는 일종의 성스러운 의무다. 칭기스칸 역시 이 의무를 엄숙하게 받아들이고, 성실하게 이행했다.

유목민들에게는 '피눈물'과 '신바람'이 있다. 우리라면 '한(恨)'과 '신명' 쯤으로 이해될 대목이다. 그들은 동지나 가족이 죽으면 칼로 얼굴을 그으며 복수를 다짐한다. 흐르는 피와 눈물이 섞인 것이 피눈물이다. 전쟁에 나서면 신들린 듯 싸운다. 월드컵 때 시청 앞 광장에, 광화문 네거리에, 코엑스 몰 등에 모여든 수백만의 외침이 바로 신바람이자 신명이었다.

역사 속의 말발굽

칭기스칸이 역사상 최고 유목민이라는 데 동의하지 않을 이는 없을 것이다. 그러나 그가 활동하기 전에도 숱한 유목민이 있었고, 그들의 지도자가 있었다. 어쩌면 칭기스칸은 그 유목민 지도자들의 우성 유전자를 가장 많이 이어받은 사람일 것이다.

칭기스칸의 선대 유목민들이 인류사에 일으킨 첫 파란은 기원전 1,400년쯤에 등장한다. 당시 중국 대륙에서는 은나라가 서고, 지중해에선 철기 문화를 준비하고 있었다. 그렇게 도시 국가가 발생할 즈음, 역사 바깥에 있던 유목민들이 갑자기 나타나 정착 세계를 정복해 나간다. 함무라비 왕조를 무너뜨린 히타이트인, 인더스강 유역을 침범한 아리아인, 이집트를 지배한 힉소스인이 그들이다. 그들에겐 '기껏 일궈놓은 고대 문명을 짓밟는 야만인’이라는 오명이 씌워졌다. 하지만 유목민들의 ‘파괴’는 새로운 문명 탄생을 불렀다.

기원전 8세기, 그들은 역사의 표면에 다시 얼굴을 내민다. 흑해 북동부 초원에 기마 문명권 사람들의 말발굽 소리가 진동하면서 그곳에 살던 키메르인을 쫓아 냈다. 사람들은 그들을 ‘스키트’ 또는 ‘사카’라고 불렀다. 그 후 500년 넘도록 그곳 러시아 초원을 지배할 주인공 ‘스키타이’였다.

헤로도투스는 저서 『역사』에서 스키타이를 매우 잔인한 종족으로 그리고 있다. 유럽 입장에서 보면 그들은 악마 그 자체였다. 어느날 갑자기 말을 몰고 활을 쏘며 나타나 천하를 점령해 버린 스키타이. 그들은 누구일까?

이 질문에 가장 먼저 손을 들어야 할 사람은 페르시아의 다리우스 대제일 것이다. 그는 기원전 516년에 대군을 이끌고 보스포루스 해협을 건너 스키타이를 침공했다. 하지만 스키타이의 뛰어난 기동성 탓에 적들을 만나지도 못하고 제대로 전투 한 번 치르지 못한 채 돌아온다. 그리고 하소연한다.

도시도 성채도 없이 어디를 가든 자기네 집을 갖고 다니는 적을 어떻게 공격하고 정복할 수 있단 말인가.

제자리에 붙박이로 사는 식물과 사방팔방 날뛰어대는 동물 사이 싸움을 연상시키는 탄식이다.

스키타이군은 신기루였다. 손에 쥐었는가 싶으면 빈 손이었다. 그들은 바람처럼 나타났다 안개처럼 사라졌다. 다리우스는

8만 군사를 잃은 채 퇴각해야 했다. 그 뒤를 잇는 유럽의 정복자, 마케도니아 알렉산더 대왕의 북방 정벌군도 스키타이군에게 격퇴됐다.

서쪽에 스키타이가 있었다면 동쪽엔 흉노가 있었다. 동방 유목 국가의 원형을 만든 흉노는 기원전 9세기 이전에 험윤이라는 이름으로 중국 역사에 등장한다. 처음에 그들은 변방 약탈자에 불과했다. 사마천은 『사기』에 흉노의 모습을 이렇게 적고 있다.

신체는 작지만 땅땅한 편이고, 머리는 아주 크고 둥글며, 안면은 넓고, 광대뼈가 튀어 나왔고, 콧구멍이 넓으며, 콧수염이 아주 덥수룩하지만, 뺨에 난 뻣뻣한 털로 된 수염을 제외하고 턱수염은 없다. 긴 귀에 구멍을 뚫어 둥근 귀걸이를 달고 있다. 머리카락은 정수리에만 겨우 남기고 잘라 버렸다. 눈썹은 짙고 눈동자는 불타듯 강렬하며 눈은 찢어진 꼴이다. 종아리까지 내려오는 헐렁한 겉옷은 양쪽이 터져 있다. 그것을 묶은 허리띠의 끝을 앞으로 늘어뜨린다. 추위 때문에 소매는 손목에서 단단하게 묶는다. 짧은 털로 된 망토로 어깨를 덮고 털모자로 머리를 가린다. 신은 가죽으로 만들었고 넓은 바지에 허리띠를 단단하게 묶는다. 허리띠에는 활집을 왼쪽 넓적다리 앞으로 기울여 맨다. 화살통 역시 허리띠에 매되 등뒤에 걸치고 활시위는 오른쪽을 향하게 한다.

기원전 3세기 말, 시도 때도 없는 돌풍 같던 흉노가 태풍으로 돌변했다. 중국을 통일한 진시황은 장군 몽염을 보내 만리장성을 완성했다. 그러나 바람은 그치지 않았다. 항우를 물리치고 한(漢)을 건국한 고조(유방)는 흉노를 토벌하려고 30만 대군을 이끌고 나섰다. 그러나 백등산에서 흉노의 칸 묵특선우에게 포위되는 신세가 되고 말았다. 백등산 전투에서 참패하고 어렵게 도망한 고조는 황실 여자들과 막대한 공물을 주고 화해할 수밖에 없었다.

백등산 전투는 통일 유목국가와 통일 농업국가 사이의 싸움이었다. 국가 창시자끼리 직접 맞붙은, 세계사에 희귀한 전쟁이었다. 결말은 유목국가의 승리였다. 말 타기와 활 쏘기에 능한 기병들 앞에서 보병의 힘은 초라했다.

흉노는 400여 년을 존속한다. 그리고 내부 분열 때문에 해체된다. 기원전 43년, 선우(왕) 자리를 놓고 호한야와 질지가 싸웠다. 전투는 한의 도움을 얻은 호한야의 승리로 끝났다. 패배한 질지는 서쪽으로 달아났다. 그리고 그들은 역사의 무대에서 갑자기 사라져 버렸다. 이들이 400년 뒤 모습을 다시 드러냈을 때, 서양인들은 그들을 훈족이라고 불렀다.

훈족은 서기 5세기 다뉴브강 동쪽, 오늘날 헝가리(Hun + Gary, 훈족 + 땅을 뜻하는 합성어, 즉 훈족의 나라라는 뜻에서 파생된 이름) 땅에 근거지를 둔다. 당대 유럽에서 그들은 공포의 화신이 된다. 유럽인들은 '훈족이 문 앞에 와 있다' 며 두려움에 떨어야 했다. 그들에게 훈은 정체를 알 수 없는 '신의 채찍' 이었다. 그 중심에 아틸라가 있었다. 아틸라는 지금도 우리의 환상을 자극하는 카리스마를 지닌 지도자였다. 그의 전설은 『니벨룽겐의 노래』나 베르디의 오페라 『아틸라』, 프란츠 리스트의 오페라 『훈족의 전쟁』에 남아 전해 온다.

아틸라가 훈족을 이끈 세월은 8년에 불과했다. 하지만 그는 다뉴브강을 건너 동로마제국의 수도 콘스탄티노플까지 육박하면서 동로마인들을 공황 상태에 빠뜨렸다. 이어 세계 15대 전투에 꼽히는 카탈루니아 전투에서 로마인과 치열하게 싸웠다. 극적인 행동, 검소한 생활, 뛰어난 지략과 탁월한 전술 구사, 무서운 인내심과 치밀한 외교술. 그의 카리스마는 유목민을 단순무지한 야만인으로 여겼던 유럽인의 편견을 말끔히 씻어냈다.

훈족 기마병의 전투력은 현란했다. 유럽인들은 기마병과 말이 그렇게 혼연일체되는 모습을 한 번도 보지 못했다. 로마의 역사가들은 '반인반마(半人半馬) 괴물이라 해도 훈족만큼 말과 일체가 되지는 못할 것'이라고 기록했다.

훈족의 생업은 전쟁이었고 그들의 일자리는 말 잔등이었다.

다시 동쪽으로 눈을 돌려보자. 흉노가 사라진 뒤 몽골 고원을 다시 통일한 세력은 돌궐이었다. 6세기 초 돌궐은 유연에 예속된 부족이었다. 그들은 알타이 지역에서 대장장이 일을 하며 지내고 있었다. 탁월한 리더 부민칸이 나타나기 전까지는 그랬다. 부민칸은 유연과의 전투를 승리로 이끌었다. 패배한 유연의 지배자 아나괴는 자살했다. 몽골 고원은 돌궐족의 무대가 됐다.

그러나 부민칸이 제국을 세운 이듬해 급사하자, 돌궐은 동생 이스테미와 아들 무한의 세력으로 갈라졌다. 당 태종 때 돌궐은 붕괴된다. 정착국가가 강성해지면 주변 유목족은 약해질 수밖에 없다. 일종의 시소 효과다. 그러나 돌궐의 멸망 원인이 그것만은 아니었다. 유목은 유목의 정신을 잃으면 멸망한다. 돌궐을 다시 일으켰던 인물, 톤유쿠크 장군과 빌게칸의 비문이 그 점을 잘 말해준다.

먼저 톤유쿠크의 비문이다.

돌궐은 그 수가 중국의 100분의 1에 불과하다. 그들은 물과 풀을 찾아 떠돌고 사냥을 한다. 그들은 정해진 주거가 없고, 늘 전투하는 연습을 한다…… 만약 돌궐이 성곽 도시에 살다 중국의 공격을 받아 패퇴한다면 설사 그것이 단 한 번일지라도 너희는 그들의 포로가 되고 말 것이다. 부처와 노자는 사람들을 유약하게 만드니 그런 가르침은 전사들에게 맞지 않다.

빌게칸의 비문은 유목 이동적 삶의 중요성을 한층 실감나게 강조하고 있다.

(중국 사람들이) 금 은 비단을 끊임없이 갖다 준다…… 달콤한 말과 부드러운 선물에 속아, 투르크 부족민들이여, 너희는 죽었다, 너희는 죽을 것이다…… 외튀겐 산에 머문다면 너희는 영원히 나라를 지킬 수 있을 것이다. 오! 투르크 부족민들이여!

빌게칸의 예언은 적중했다. 그가 죽자 돌궐은 내분에 휩싸이다 역사에서 사라졌다. 정착문명에 중독된 유목민은 항체가 없다. 단지 죽을 뿐이다.

유목민 CEO 칭기스칸

이제 본격적으로 칭기스칸을 만날 차례다.

울란바토르로 가는 몽골 미야트항공 비행기를 타보라.

비행기에 오르다 보면 기체 앞 부분에 이상한 글씨가 쓰여있다. 만약 KAL기에 '세종대왕'이라고 써놓았다면 다들 이상하게 여길 것이다. 하지만 몽골인들은 아무렇지도 않게 자기네 옛 왕들 가운데 한 사람의 이름을 새겨 놓았다. 칭기스칸!

비행기뿐이 아니다. 그들은 무엇이든 지상에서 가장 좋다고 생각하는 것마다 그 이름을 붙여 둔다. 울란바토르에 도착하면 칭기스칸 호텔에 묵으며 칭기스칸 보드카를 마신다. 식당에서 밥값을 치르려고 지폐를 꺼내면 거기에도 칭기스칸이 있다. 그는 몽골인들이 하늘의 별처럼 숭모하는 영웅이다.

대부분 이방인들은 칭기스칸에 관해 자세히 알지 못한다. 공식 기록에 칭기스칸은 1162년에 태어난 것으로 돼있다. 그때 우리는 고려 18대 의종 시절. 태조 왕건이 고려를 창건(918년)한 지 240여 년 뒤다. 그로부터 8년 뒤엔 정중부의 무신란(1170년)이 일어난다.

칭기스칸은 내전 중에 태어났지만 그 전에 몽골 울루스(초기에 몽골 부족을 통합해 세운 국가. 칭기스칸이 세운 제국을 예케 몽골 울루스라고 하는 것과 구분된다)를 건국한 칸의 후손이다. 모든 영웅, 큰일을 해낸 이들이 그렇듯 그의 탄생에도 신화 같은 이야기들이 많다. '눈에는 불이 있고 뺨엔 빛이 있던 아이, 태어날 때 양의 복사뼈 만한 핏덩이를 쥐고 태어났던 아이' 라고 『몽골비사』는 기록하고 있다.

그의 아버지 예수게이 바아토르는 몰락한 몽골 울루스를 부흥시키려는 야심찬 꿈을 지녔다. 예수게이의 할아버지는 몽골 울루스의 초대 칸, 카불이었다. 카불칸은 당시 유목세력을 통제하던 금(金) 나라의 권위를 대담하게 부정했다. 그 때문에 금과 싸웠고, 승리했으며, 그 대가로 상당한 소와 양, 곡식을 받았다. 그러나 카불칸의 통일 세상은 오래가지 못했다. 카불칸의 뒤를 이은 암바가이칸은 금에 포로로 잡혀가 수레에 묶인 채 처형됐다.

통일세상을 다시 이루는 것은 자연스레 후손들이 선대로부터 물려받은 유업이 됐다. 그러나 카불칸의 손자 예수게이에게는 그런 대업을 이룰 힘이 없었다. 그는 흩어진 부족 간의 전쟁을 수행하는 일개 무명용사로 살아갈 수밖에 없었다. 예수게이는 몽골 고원에 자기 이름을 날리고 조상들이 세웠던 조국을 다시 부흥시키기 위해 기상천외한 행동들을 하게 된다.

그 첫번째 사건이 약탈혼이었다. 당시 몽골에는 미스 몽골쯤으로 불리는 절세미인 허엘룬이 있었다. 지금 몽골인들이 그녀를 존경하고 사랑하는 것은 우리가 신사임당(申師任堂)에 바치는 존경 이상이다. 허엘룬은 예수게이가 속한 몽골부와 다른 부족인 메르키트부로 시집을 가게 돼있었다. 예수게이는 그녀의 시집 행렬을 습격 납치해 아내로 삼는다. 이 약탈혼은 그가 아내를 얻는 데 그치지 않고, 온 몽골 고원에 자기 '명함' 을 뿌린 것 같은 효과를 가져 왔다.

여기서 잠시 멈추고 '몽골' 이라는 이름에 대해 알아보자.

메르키트, 타타르, 흉노, 돌궐이라는 이름에서 보듯 유목민들은 시대와 장소에 따라 여러 부족 또는 종족으로 나뉘어 살았다. 웬만한 부족에는 그들만의 칸도 있다. 그러나 예수게이와 아들 칭기스칸이 속한 몽골 부족이 몽골 고원을 통일하고 세계 국가를 건설하면서 고원 유목민들은 몽골인으로 불리게 됐다. 대표명사가 붙은 셈이다.

다시 본론으로 돌아간다. 예수게이가 오랜 숙적인 타타르 부족과의 전쟁에서 적장을 죽이고 돌아와 보니 허엘룬이 아이를 낳았다. 예수게이는 자기가 죽인 적장의 이름을 따 아이를 테무친이라고 부른다. 이 아이가 칭기스칸이다. 그는 칸으로 오를 때까지 테무친으로 불린다. 예수게이는 다섯 유목 세력(몽골부, 메르키트부, 케레이트부, 나이만부, 타타르부)의 통일을 시도하다 견제 세력에게 독살 당한다. 아들 칭기스칸의 고난과 역경은 여기서부터 시작된다.

칭기스칸은 소년가장처럼 살 수밖에 없었다. 당시는 살벌한 내전 상황, 누구도 믿을 수 없는 세상이었다. 친척들도 칭기스칸을 무시하거나 경계한다. 때로 붙잡혀 투옥되고 때로 도망 다니며 모진 학대와 고난 속에 살아간다. 그러나 그는 절망하지 않는다. 위기를 반드시 기회로 돌리고 만다.

마침내 칭기스칸에게 기회가 왔다. 어느날 그의 아내 버르테가 납치된다. 공교롭게도 납치자들은 어머니 허엘룬이 시집가려 했던 메르키트 부족 사람들이다. 그러나 칭기스칸에게는 아내를 찾아올 만한 군대가 없었다.

당시 몽골 고원에는 옹칸(토오릴)과 자모카 세력이 대립하고 있었다. 케레이트부 소속인 옹칸은 유럽에 프레스터 존이란 이름으로 알려진 인물이다. 그는 아버지와 형제를 죽이고 케레이트부의 칸에 오른다. 그 과정에서 옹칸이 칭기스칸 아버지 예수게이와 맺은 동맹이 결정적 역할을 하게 된다. 이를 계기로 옹칸은 예수게이와 형제의 맹약인 '안다'를 맺는다.

초원의 또 다른 실력자 자모카는 어릴적 칭기스칸과 '안다'를 맺은 사이였다. 칭기스칸과 동년배였으나, 일찌감치 몽골 고원을 옹칸과 양분할 만큼 대세력으로 성장해 있었다. 칭기스칸은 고심 끝에 옹칸과 자모카를 찾아가 아내를 찾을 수 있게 도와달라고 청한다. 세 사람은 연합군을 편성한다. 1군은 옹칸, 2군은 자모카, 3군은 칭기스칸이 맡는다. 전쟁의 명분과 목표가 칭기스칸의 '아내 찾아주기'였으므로 군사 작전 지휘권은 사실상 칭기스칸에게 있었다. 아내 탈환 전쟁에서 연합군은 찬란한 승리를 거둔다. 칭기스칸은 노획물을 몽땅 동맹군에게 나눠준다.

대신 전승(戰勝)과 지도자로서 명분, 명성을 얻는다.

되찾은 아내 버르테는 이미 만삭이었다. 그렇게 태어난 적장의 아들이 조치다. 칭기스칸은 '나그네' 또는 '손님'이라는 뜻으로 조치라 이름 붙이면서도, 그를 기꺼이 장남으로 받아들인다. 다만 제국을 이끌고 나가기 위해 후계구도에서 장남을 배제시킨다. 조치와 그 후손들은 새로운 영지 개척에 나서 유럽을 수중에 넣는다. 조치의 아들 바투칸이 유럽을 정벌해 세운 국가가 킵차크칸국이다.

17세기까지 명맥을 이어가는 킵차크칸국 말고도 칭기스칸의 차남 차가타이가 세운 차가타이칸국, 페르시아를 정복해 세운 손자 훌레구의 일칸국, 원나라를 세운 쿠빌라이의 본토까지 그의 제국은 전 지구적이었다. 1206년 부족을 통일하고 칸에 오른 이후, 20년에 걸쳐 칭기스칸은 서하와 서요를 정복하고 금나라를 멸망시켰으며, 페르시아에 있는 콰레즘 제국, 그리고 유럽과 러시아 일대까지를 점령했다.

몽골 고원에 흩어져 살던 수많은 부족, 아니 서로 약탈하고 약탈당하면서 잠시도 안정을 찾지 못하던 고원의 부족들을 통일시킨 칭기스칸! 당시 블라디보스톡에서 모스크바까지 마차로 달리면 2년이 걸렸다니, 칭기스칸은 거의 말 달리는 속도만큼이나 빠르게 세계를 정복한 셈이다.

놀라운 성과 만큼이나 칭기스칸에게는 수많은 오해도 뒤따른다. 많은 이들이 칭기스칸을 전쟁광, 학살자, 정복자, 야심가, 가장 적은 부족으로 인류 대부분을 꺾어 자기 의지를 관철시킨 자라고 말한다. 무지이거나 편견, 혹은 의도적인 혹평 측면이 강하다.

칭기스칸에 관한 논의가 정서적으로 금기시되는 나라도 꽤 여럿이다. 우리도 그런 나라 가운데 하나였다. 그리 오래지 않은 과거에 그런 일이 있었다. 한때 인기 있던 가수 조경수가 칭기스칸을 노래했다가 침략자를 미화했다며 금지곡 처분을 받았다. 그나마 외국곡을 번안한 노래였다. 원래 70년대 후반 보니엠이 부른 것을 '칭기스칸'이라는 독일 보컬 그룹이 리바이벌해 다시 히트곡이 됐던 차였다.

독일 그룹이 칭기스칸에게 관심을 둔 이유는 따로 있었다. 그들은 당시 독일을 비롯한 서구와 대치하던 소련 사회주의가 칭기스칸 제국의 성격 중 한 측면을 닮았다고 생각했다. 소련이 칭기스칸 제국이 남긴 정치적 유산을 상속 받았다고 본 것이다. 서구인들은 소련 이미지를 몽골 이미지로, 다시 몽골 이미지를 동양 이미지로 연결시켰다. 그래서 이 노래는 동양을 꼬집고 풍자하고 있었다. 그것이 하필 소련이 아프카니스탄을 침공한 그 무렵 국제정세와 연결되면서 톡톡히 부대효과를 누렸다. 원곡 노랫말은 칭기스칸을 비하하고 조롱하는 내용 일색이다.

그는 자기 마음에 드는 여자는 누구든 자기 천막으로 끌어들인다
그는 하루 저녁에 아이를 일곱이나 낳는다

그런 노랫말이 한국에선 어떻게 해서 100퍼센트 바뀌어 번안됐는지는 알 수 없다. 하지만 칭기스칸에 관해 알려진 많은 것들 가운데 한국판 노랫말처럼 극적인 것도 없다. 전쟁광, 학살자,

독재자 이미지를 정반대로 뒤집어 용기 없고 가난한 사람들에게(혹은 사회적 약자들에게) 꿈을 주는 역사 인물로 칭송했다.

> 약한 자를 도우며 사랑했네
>
> 슬픈 자는 용기를 주었다네
>
> 내 맘 속의 영웅이었네
>
> 징, 징, 징기스칸
>
> 하늘의 별처럼 모두가 사랑했네
>
> 징, 징, 징기스칸
>
> 내 작은 가슴에 용기를 심어줬네
>
> 겁이 많던 내게 와하하하
>
> 용기를 주었네 와하하하
>
> 내 맘 속의 영웅이었네……

칭기스칸의 진실은 도대체 어떤 것일까. 안개는 좀처럼 걷히지 않는다. 정작 칭기스칸을 알려고 노력하는 순간 우리는 곧장 난관에 부딪친다. 칭기스칸에게 부여된 많은 이미지들은 왜곡되거나 조작된 것들 투성이다.

한 예로 샤브샤브라는 요리가 있다. 흔히 칭기스칸 요리로 알려진 이것이 몽골의 것이거나 칭기스칸의 유산이라고 생각한다면 오해다. 칭기스칸 요리는 소화(昭和)시대 일본인들이 고안해냈다. 몽골에는 비슷한 음식조차 없다. 중국 베이징에는 산양고기로 만드는 샤브샤브 요리가 있다. 독특하게 생긴 냄비에 산양고기를 끓여 장국에 찍어 먹는다. 하지만 유목민들은 양고기를 끓일 경우 별도 장국 없이 국물째 먹는다. 그들에게 샤브샤브 같은 요리법은 없다.

그런데도 왜 일본산 요리의 이름이 칭기스칸일까. 조심스럽게 내놓고 싶은 추측은 고기를 얇게 썰어 수없이 칼질해 놓은 게 마치 칭기스칸 같은 잔인함을 연상시켰던 탓이 아닐지. 아니면 그렇게 난도질하고 싶을 만큼 칭기스칸이 미웠던 것인지. 이 추측이 맞다면 칭기스칸 요리라는 표현에는 한 인간이 걸었던 족적에 대한 증오와 복수와 핍박의 의지가 절절히 담겨있다는 얘기가 된다.

칭기스칸에 대해 부당한 심판의지가 발휘된 예는 너무 흔하다. 꽤 많은 나라 사료들이 그의 죽음을 그렇게 기록했다. 일칸국 정사인 라시드 웃 딘의 『집사(集史)』와 원나라 공식 사서 『원사(元史)』는 칭기스칸을 죽음으로 이끈 질병에 관해 단지 일반적으로 언급하는 데 그치고 있다. 일칸국은 칭기스칸 제국의 일원이고, 원나라는 칭기스칸의 손자 쿠빌라이칸이 세운 나라다.

하지만 다른 나라 사람들, 예컨대 『카르피니의 몽골여행기』를 쓴 수도사 플라노 카르피니는 칭기스칸이 벼락을 맞아 죽었다고 보고했다. 마로코 폴로는 칭기스칸이 타이룽 성을 포위했을 때 무릎에 화살을 맞아 얻은 상처로 죽었다고 전했다. 훗날 전해오는 어떤 이야기는 이 유목 영웅이 아름다운 여인의 복수에 걸려 들었다고까지 말한다. 그 줄거리는 이렇다.

탕구트(서하) 왕이 칭기스칸에게 처형 당한다. 왕의 아내 커르벨진 고아가 칭기스칸과 성 관계를 맺다가 미리 삽입해 둔 도구를 이용해 칭기스칸에게 상처를 입혔다. 칭기스칸은 피를 흘렸다. 그녀는 복수를 한 뒤 황하의 물살에 몸을 던졌다.

사강 세첸, 「동몽골족과 그 왕족의 역사」

과연 그랬을까.

칭기스칸에 대한 찬사와 비난에 대한 판단은 유보될 수도 있다. 그러나 분명한 사실은 그가 역사에 유례 없는 대제국을 건설했다는 것이다. 게다가 그는 지구촌 제국을 무려 150여 년이나 지속시킨 힘의 원천이었다.

평생의 동지—태어난 곳은 달라도 죽는 곳은 같다

칭기스칸은 희대의 영웅임에 틀림 없다. 하지만 제 아무리 칭기스칸이라도 혼자서 인류사를 개척해낼 수는 없다. 그와 함께 제국 건설의 열망을 품고서 온 몸을 불사른 동지들이 없었다면 불가능한 일이었다.

몽골 유목민은 척박한 자연환경을 극복하려면 사람과 사람 사이에 강한 믿음과 결속이 있어야 한다고 생각했다. 그렇게 맺은 관계를 그들은 '안다' 와 '너커르' 라고 부른다. 우리 말로 치면 너커르는 평생 동지, 안다는 평생 친구쯤이겠다. 너커르와 안다의 세계는 우리의 고교 동창이나 지역 모임, 군대 모임, 친목계 따위와는 비교도 안되게 강한 믿음 체계다. 이를 기반으로 몽골 유목민들은 우리가 상상도 할 수 없을 만큼 진한 전우애를 불태

우며 살았다.

칭기스칸에겐 유달리 너커르와 안다가 많았다. 오갈 데 없는 사람, 어려운 사람, 꿈은 품고 있지만 뜻을 펴지 못하는 사람들이 모여 제국 건설의 주역이 됐다. 뭉쳐 다니는 짝패들을 가리켜 우리는 흔히 ‘3인방’ 이니 ‘4인방’ 이니 하는 표현을 쓴다. 대신, 몽골인들은 ‘3준마’, ‘4맹견’ 식으로 일컫는다. 알다시피 준마는 잘 달리는 말, 맹견은 용맹스러운 개를 뜻한다. 사람을 말이나 개로 부르니 상스럽다 할지 모르지만, 몽골 유목민들에겐 최고 찬사가 담긴 칭호다. 그들은 동물과 더불어 살며 동물을 가족처럼 여겼기 때문이다.

칭기스칸의 곁에는 ‘4준마’, ‘4맹견’ 이 포진해 있었다. 이 이름은 칭기스칸 그룹이 자칭한 게 아니라, 칭기스칸과 싸웠던 적들이 붙여준 것이다. 적으로부터 찬탄 섞인 호칭을 얻었다는 것만으로도 그 여덟 명이 얼마나 무섭고 용맹했는지를 가늠할 수 있다.

4준마는 칭기스칸의 참모이거나 정책 쪽에서 활동했다. 4맹견은 주로 전투에서 지휘관 역할을 했다. 여덟 명의 임무는 경호 책임자, 재판 담당 참모, 여론 전달자, 요리사에 이르기까지 다양했다. 하지만 칭기스칸과 여덟 명은 하나 같이 결속을 중시하고 배신을 혐오하는 공통점을 지녔다.

자모카에 얽힌 일화는 그 기질을 잘 보여준다. 칭기스칸이 몽골고원 통일을 놓고 마지막까지 승부를 겨룬 적(敵)이 자모카였다. 칭기스칸의 통일 과정은 자모카와의 대결 과정이나 다름 없었다. 자모카는 칭기스칸의 숙적이었지만, 어떤 면에서 칭기스칸의 친구이자 안다였다.

칭기스칸 군에게 내내 쫓기던 자모카의 부하들이 자모카를 칭기스칸 앞에 끌고 왔다. 적장을 잡아 왔으니 칭찬해 줄 법도 하지만, 칭기스칸은 그 반대였다. 그는 주인이나 지도자를 배신하는 자들을 용서할 수 없다며 그 자리에서 자모카의 부하들을 처형했다. 자모카는 그의 희망대로 피 한 방울 흘리지 않게 죽인 뒤 정성껏 묻어 준다.

칭기스칸이 옹칸에게 거둔 승리가 세대 전쟁에서 신세대가 구세대에 거둔 승리라 한다면 자모카를 이긴 배경은 인력 풀의 활용에 있었다. 그 인력 풀엔 칭기스칸의 아내 버르테도 포함된다. 몽골 역사가들은 버르테의 헌신적 내조가 제국의 출범에 크게 공헌했고, 자식 교육열도 매우 높았다고 말한다. 지금도 칭기스칸의 어머니 허엘룬과 함께 몽골인들이 가장 존경하는 어머니 상으로 꼽힌다.

보름달은
밤하늘의 밝은 등불

15세의 소녀는
부모의 환한 등불

설령 달이 하늘에서 스러져도
온 우주를 비추는 달은 등불

설령 아내가 서른이 넘어도

가족들에게 그녀는 희망의 등불

달은 사라져 없어지는 일도 있지만

온 우주를 비추는 밤의 등불

비록 어머니가 늙어 노파가 되어도

자녀들에게는 따스한 등불

당시 정착 농경 사회들이 여성들을 이 시에서 보듯 유목사회만큼 배려했다고 말한다면 그것은 기만이다.

다시 본론으로 돌아가자. 하지만 칭기스칸의 가장 핵심적 인력풀은 역시 4준마와 4맹견이었다. 4준마는 보오르초, 모칼리, 보로콜, 칠라운을 말한다.

먼저 보오르초. 아버지를 잃고 푸른 호수 가에 살던 칭기스칸이 어엿한 청년으로 성장해 가던 어느 날 사건이 터졌다. 말 도둑들이 야영지에 있던 거세마 여덟 마리를 훔쳐 몰고 달아났다. 칭기스칸은 도둑들을 쫓아 나섰다.

뒤 쫓은 지 나흘째 되는 날, 칭기스칸은 젊은 사내를 만나 도둑들에 관한 정보를 물었다. 마침 사내는 도둑들이 지나가는 모습을 기억하고 있었다. 사내는 그 자리에서 말에 올라 칭기스칸과 함께 도둑들을 추격했다. 그가 바로 보오르초다. 『몽골비사』는 이 때 보오르초가 한 말을 다음과 같이 전하고 있다.

벗이여! 홀로이 고생하고 있구나.

무릇 대장부란 고통을 함께 나누는 법, 나는 네 동지가 돼 주겠다.

나의 이름은 보오르초, 나코 바얀의 외아들이다.

사흘이 지나, 두 사람은 마침내 말 도둑들을 찾았다. 도둑들의 야영지에 잠입해 도난 당한 말들을 몰고 나와 달렸다. 말 도둑들이 초원을 가로질러 욕설을 퍼부으며 쫓아왔다. 올가미를 든 맨 앞의 도둑이 점점 거리를 좁혀올 즈음, 갑자기 칭기스칸의 말 발굽이 치켜 오르더니 말이 뒤로 돌았다. 칭기스칸이 날린 화살이 소리를 내며 어스레한 땅거미를 가로질러 날아 갔다. 단 일격에 도둑은 쓰러졌고 나머지 도둑들도 도망쳤다. 도둑들을 패퇴시킨 뒤 칭기스칸은 보오르초에게 신세 진 대가로 말을 나눠 주겠다고 했다. 보오르초는 단호했다.

벗의 고통을 함께 나누는 것이 벗의 의무다.

도움의 대가로 말을 받는다면 그가 무슨 벗이겠는가.

이 감동적인 만남은 훗날 칭기스칸을 돕는 4준마와 4맹견이 맺는 인간관계를 단적으로 상징한다. 물질의 만남이 아니라 마음의 만남이며, 거짓과 배신이 춤추는 땅에서의 전술적 야합이 아니라 믿음과 의리가 깃발을 올리는 첫 걸음이었다. 칭기스칸은 그 관계를 대단히 신성하게 여겼다. 훗날 칭기스칸은 보오르초에게 속마음을 이렇게 전했다.

그림자 말고는 다른 친구가 없을 때

친구가 되어, 나의 마음을 편안케 했다.

꼬리 말고 다른 채찍이 없을 때

채찍이 되어, 나의 심장을 편안케 했다.

4준마 가운데 모칼리는 천민 출신이었다. 확인할 길은 없지만 프랑스의 학자 펠리오와 앙비스는 모칼리를 고려 출신이라고 주장한다. 그는 수없이 많은 전투에 참가했고, 그때마다 빼어난 전략을 구사해 승리했다. 특히 몽골초원 제패의 분수령이 된 옹칸과의 전투에서 사흘째 되는 마지막 날, 그는 선두에 서서 돌격해 들어갔다. 그리고 고원 통일의 문을 활짝 열었다. 그는 대몽골제국 총사령관이 됐다. 칭기스칸이 내린 결정도 바꿀 수 있고, 9가지 죄 말고는 어떤 죄도 물을 수 없는 지위에까지 올랐다.

칭기스칸은 금 나라를 정복한 뒤 모칼리에게 '권(權) 황제' 라는 칭호를 내려 황하 이북을 통치하도록 했다. 그가 고려 사람이었다면, 권씨였을 지 모른다. 그의 아버지 이름 구운 고아에서 '구운' 도 '권' 발음과 비슷하다. 모칼리는 너무 열심히 싸우다 탈진한 나머지 중병에 걸려 1223년 봄, 53세에 풍운의 삶을 접었다. 그의 아들과 손자도 과로로 사망했다.

4준마 가운데 가장 젊은 보로콜은 방패를 들고 칭기스칸을 호위한 측근 중 측근이었다. 칭기스칸은 그를 동생처럼 여겼다. 그는 칸의 음식을 담당했고 결국 칭기스칸을 위해 죽는다. 보로콜은 칭기스칸에게 도륙 당한 주르긴 씨족 출신 전쟁고아였다. 그를 칭기스칸의 어머니 허엘룬이 거둬 양자로 삼았다. 허엘룬

은 보로콜 외에도 전쟁고아들을 데려다 양자로 키웠다. 거기에
는 목적이 있었다.

낮에 보기 위한 눈
밤에 듣기 위한 귀

칭기스칸이 옹칸과 맞선 카라 칼지트 전투에서 칭기스칸 아
들 어거데이가 목에 화살을 맞았다. 어거데이를 보호하는 임무
를 지고 있던 보로콜이 달려가 화살을 뽑자 선혈이 솟구쳤다. 피
는 멈추지 않고 흘렀다. 그는 어거데이를 말에 태우고, 흐르는
피를 입으로 빨아 무사히 구해냈다. 그 광경을 본 칭기스칸은 감
격해서 눈물을 흘렸다.

　그는 음식을 맛보는 사람(부케울)과 요리사(바우르치) 역할을
맡았다. 훗날 칭기스칸은 음식을 관리하는 장군에 그를 임명했
다. 전투 이상으로 중요한 임무였다. 그의 헌신을 칭기스칸은
이렇게 말했다.

급한 원정중에도
비오는 밤에도
빈 속으로 자게 하지 않았다.

적과 대치하고 있을 때도
국물 없이는 재우지 않았다.

적의 양자가 됐다가, 칭기스칸의 4준마가 돼 천호장(千戶長)까지 올라간 풍운아 보로콜은 세계 제국의 문턱 앞에서 주인의 곁을 떠나야 했다. 그의 딸 우시진은 원나라를 세운 칭기스칸의 손자 쿠빌라이칸의 아내가 됐다.

4준마의 마지막 한 사람은 칠라운이다. 소르칸 시라의 아들인 그 역시 칭기스칸과 운명적으로 만난다. 어느 날 목에 칼을 찬 소년 죄수가 칠라운의 집에 하룻밤 묵으러 왔다. 소년은 소문난 장수 예수게이의 아들 테무친이라고 했다. 포로로 잡혀가 있던 어릴 적 칭기스칸이었다.

칭기스칸을 생포한 타르코타이는 자기 부족에서 집집마다 돌아가며 칭기스칸을 맡게 했다. 천민 소르칸 시라의 집에도 차례가 왔다. 소르칸 시라는 두 아들, 침바이와 칠라운을 뒀다. 형제는 목에 칼을 찬 어린 포로가 불쌍했다. 그들은 칼을 풀어주고 칭기스칸과 함께 잤다. 칠라운은 훗날 칭기스칸-옹칸 연합세력이 메르키트부와 쿠이텐에서 전쟁을 벌일 때(1201년) 칭기스칸과 재회해, 칭기스칸의 너커르가 됐다.

칠라운은 매우 용맹스러운 장군이었다. 한번은 전투중 말에서 떨어지자 적들이 덤벼 들었다. 초원 전투에서 말을 잃고 보병으로 싸운다는 건 죽음을 의미한다. 칠라운은 창을 고쳐 잡고 적의 기병과 맞서 싸웠다. 적들은 기세에 밀려 달아났다. 이를 본 칭기스칸은 감탄했다.

본 적이 없었다. 도보로 전투하는 사람을

덤벼드는 적의 머리를 손으로 누르는 것을

후일 칭기스칸이 포상할 때, 칠라운의 아버지 소르칸 시라가 아들들을 대신해 천호장을 제수 받는다. 칠라운은 금(金) 나라 정벌에 참가했다가 죽었다.

칭기스칸의 4맹견은 제베, 수베에테이, 젤메 고아, 코빌라이다. 이들은 전투에 관한 한 프로 중의 프로였다. 제베는 원래 적군이었다. 명사수였던 제베는 전투에서 칭기스칸의 말을 쏘아 쓰러뜨린 적이 있다. 이 전투가 칭기스칸의 승리로 끝나고, 제베가 칭기스칸 앞에 포로로 잡혀왔다. 그때 제베가 말했다.

지금 저를 죽이시면 제 몸에서 흘러나오는 피는

한 움큼의 흙만을 적십니다.

저를 용사로 받아 주소서!

그러면 제 몸에서 흘러 나오는 피는

전 세계의 대지를 적실 것입니다!

칭기스칸은 그를 받아들였다. 그리고 '화살촉' 이라는 뜻으로 제베라는 이름을 새로 지어줬다. 그는 특히 칭기스칸의 서역 정벌에서 맹활약했다. 그는 4맹견 멤버인 수베에테이와 함께 콰레즘(지금의 아프가니스탄-우즈베키스탄-이란-투르크메니스탄-카자흐스탄 일부 지역에 걸쳐 세워진 이슬람국가)의 국경 도시 오트랄을 공략하면서 외쳤다.

너희 썩은 이슬람의 집권자들이여, 들어라! 나는 알라신의 채찍이니 이제부터 고통 받고 가난한 자들을 해방시키려 하노라. 해가 뜨는 곳부터 해가 지는 곳까지, 우리의 칸께서 통치하시도록 하늘이 명했다. 신의 아들에게 항복하는 자들은 살려줄 것이다. 그러나 반항하는 자들은 철저히 도륙할 것이다.

콰레즘의 수도 사마르칸트(지금의 우즈베키스탄 도시)는 1년 안에는 누구도 함락할 수 없다던 거대 요새였다. 그러나 칭기스칸의 푸른 군대는 단 사흘 만에 끝장내버렸다. 콰레즘의 지배자, 술탄 무하마드는 북으로 달아났다. 제베는 칭기스칸의 명을 받아 수베에테이와 함께 무하마드를 추격했다.

우리는 이곳이 아닌 아름다운 고향의 초원에서 다시 만날 것이다.
무하마드가 가는 곳이라면 그곳이 하늘 끝이나 바다 끝이라도
반드시 따라가 그의 목을 베어오라!
가거라! 내가 지시한 대로 행하라!

추격전은 1만 킬로미터 가까이 계속됐다. 지구 둘레가 4만 킬로미터이니 4분의 1 바퀴를 돈 셈이다. 무하마드는 더 이상 갈 곳이 없자 카스피해 작은 섬으로 숨어 들어 걸칠 옷도 없이 죽는다. 이 소름 끼치는 추격전에 온 유럽이 경악했다. 제베는 칭기스칸에게 보고하려고 무하마드의 목을 들고 초원으로 귀환하던 1224년, 삶을 마쳤다.

칭기스칸 참모들 가운데 최고의 장군은 누구일까. 대부분 몽골인들은 주저 없이 4맹견 가운데 한 사람인 수베에테이를 꼽는다. 그는 전차부대를 지휘하는 장군이었다. 그의 철제 전차부대

는 가공할 파괴력을 지녔었다.

그는 대몽골제국의 칸 세 사람―칭기스칸, 어거데이칸, 구육 칸―으로부터 예우를 받았다. 그가 노년에 본 대제국의 영토는 실로 방대했다. 헝가리 국경부터 동해까지, 노브고로드 외곽으로부터 페르시아만까지, 바이칼호부터 양쯔강까지. 그 장대한 국경선을 만드는 데 수베에테이의 발길이 미치지 않은 곳이 없었다.

수베에테이가 제베와 함께 콰레즘의 술탄 무하마드를 추격한 이야기는 몽골의 복수가 어디까지 이어지는가를 보여주는 전설로 살아있다. 수베에테이는 무하마드의 죽음을 칭기스칸에게 보고했다.

무수히 많은 나라에 군림했던 몸이 지금은 묘지만한 영토 한 조각 없고,
몸을 감쌀 수도 없어 겨우 한 장의 겉옷으로 몸을 덮었다고 하옵니다.

수베에테이는 오랜 세월을 거쳐 제국의 완성을 이룬 장수였으

며, 칭기스칸에게는 더없이 충직한 부하였다. 서역을 정벌하던 그에게 칸이 귀환 명령을 내렸다. 뚱뚱한 수베에테이는 1주일 동안 쉬지 않고 말을 달려 칸에게 돌아왔다. 말의 반동을 견뎌내려고 자기 몸을 붕대로 칭칭 감은 채였다. 수베에테이는 유럽 정벌을 지휘해 혁혁한 공을 세운 직후, 72세에 세상을 떠났다. 당시 몽골인 치고는 대단한 장수(長壽)였다.

　4맹견 가운데 젤메 고아는 오늘도 몽골 사람들 가슴에 충용의 상징으로 남아있다. '고아'는 '기이한 능력을 갖고 있는 아름다운 무당'이라는 뜻이다. 젤메의 아버지 차르치오다이는 대(大) 샤먼(무당)이었다. 차르치오다이 가문은 대를 이어 칭기스칸 집안에 충성을 다했다. 칭기스칸의 아버지 예수게이가 독살 당한 뒤, 집안이 풍비박산 나고 가신들은 뿔뿔이 흩어졌다. 칭기스칸 가족은 보르칸산에 숨어 들었다. 수소문 끝에 칭기스칸을 찾아온 차르치오다이는 아들 젤메를 칭기스칸에게 맡겼다.

　　그대의 안장을 놓게 하라!
　　그대의 문을 열게 하라!

　그 때부터 젤메는 칭기스칸의 너커르로 생을 함께 한다. 그는 1204년 칭기스칸이 나이만족의 타양칸과 벌인 '알타이 전쟁'에서 큰 공을 세운다. 바로 이 전쟁에서 '4맹견'이라는 호칭이 탄생한다. 젤메와 함께 코빌라이, 제베, 수베에테이가 눈부신 활약을 하는 것을 목격한 타양칸은 그들이 '용맹한 사냥개'와 같다며 '4맹견'으로 불렀다.

칭기스칸이 "태어날 때 함께 태어나고, 자랄 때 함께 자랐다"
며 친형제처럼 지냈던 젤매는 대몽골 제국이 출범한 지(1206년)
얼마 지나지 않아 쉰을 바라보는 나이에 전사했다.

4맹견 가운데 한 사람인 코빌라이는 칭기스칸과 자모카가 동
맹을 맺고 공동 유목을 하다 갈라 섰을 때, 칭기스칸을 따르면서
이름을 드러낸다. 몽골 제국이 출범한 뒤, 칭기스칸 동생 카사르
와 함께 군율을 엄격하게 집행하는 임무를 받는다.

카사르와 함께 칼을 차고

난폭한 자

그들의 목을 베어라.

오만한 자

가슴을 찔러라.

코빌라이는 1211년 칭기스칸을 따라 금나라와 전쟁을 벌이다
전사했다.

개인적인 약탈을 금한다

칭기스칸은 4준마와 4맹견처럼 인간관계를 맺은 평생 동지, 평생 형제들과 꿈을 공유하기 위한 새 제도를 도입한다. 당시 전쟁에서 승리한 부족은, 패퇴했거나 항복한 부족으로부터 우선 가축부터 빼앗았다. 경우에 따라 여자까지 취했다. 나쁘게 말해 약탈이고 좋게 얘기해 전리품을 챙기는 셈이다. 몽골인들에겐 그 전리품을 누가 얼마나 차지하느냐가 매우 중요한 문제였다.

칭기스칸이 전리품 획득과 배분에서 새로운 조치를 내리기 전까지는 일종의 선착순 약탈방식이 지배했다. 적이 달아난 뒤 적진에 먼저 도착한 순서대로 가축이든 여자든 취했다. 개인적 약탈이었던 셈이다. 이 방식에선 맨 앞에서 싸우는 사람만 득을 볼 수밖에 없다. 뒤에 서거나 간접적으로 전투를 도운 사람, 다른 사정으로 전투에 참여하지 못한 사람에게는 돌아오는 게 없다.

칭기스칸은 이런 불공평을 해소하고, 조직 전체 전투력과 소속감도 높일 목적으로 혁신적 조치를 단행한다. 전리품을 공동 몫으로 두고 누가 얼마만큼 공을 세웠느냐에 따라 나눠 갖는 공동 분배제였다. 이 방식에선 선봉에 선 사람은 싸운 만큼 자기 몫을 차지하고, 뒤에서 싸움을 도운 사람에게도 몫이 돌아간다.

예를 들면 활이나 칼을 만들고 수리하는 사람도, 척후병으로 적을 발견해낸 사람도, 말발굽을 고친 사람도 전리품을 챙길 수 있다. 조직원들은 어디서 어떻게 근무하든 최선을 다해야 다른 사람보다 많이 배분 받을 수 있다. 결과적으로 조직 전체 전투력이 올라가게 마련이다. 요즘 말로 하자면 스톡옵션을 줘서 생산력을 늘리는 방식이다.

원대한 비전 제시와 개별적 약탈 금지로 칭기스칸의 병사들은 성취욕에 불탔다. 전쟁에서 승리하면 기여한 만큼 대가가 반드시 돌아온다는 믿음도 갖게 됐다. 이는 숫자가 적은 칭기스칸 군대가 엄청나게 많은 상대방을 제압한 비결이기도 하다.

몽골 사회에는 지금도 이 전통이 남아있다. 몽골에선 매년 7월 11일부터 13일까지 체력단련대회를 겸한 나담 축제가 열린다. 몽골 씨름과 활쏘기, 말타기 경주가 열리는데, 축제의 꽃은 역시 말타기이다. 그런데 놀라운 것은 경주에서 우승하면 기수보다 말 조련사에게 더 큰 포상이 돌아간다는 것이다. 음지에서 일하는 사람들의 공을 잘 아는 탓이다. 더욱 놀라운 건 우승마에게도 똑같은 포상(일등표)을 한다는 점이다. 동물에게도 이익이 공평하게 분배돼야 한다는 유목민적 발상이다.

어느 기업이 이익을 많이 남겼다고 하자. 기업주가 이익을 혼자만 챙기고 종업원에게 돌려주지 않거나 자기 마음에 드는 사람에게만 돌려줄 경우, 다른 종업원들의 업무 의욕은 떨어질 수밖에 없다. 물건을 많이 팔거나 디자인을 잘 한 사람, 광고를 잘 한 사람, 인사제도를 잘 관리한 사람 등등에 고루 이익을 나눠주면 기업은 대단히 활성화될 것이다. 현대 기업의 승패를 좌우하는 것은 종업원 숫자보다 종업원 전체의 사기(士氣)다. 스톡옵션으로 대표되는 이런 이익 분배 제도는 성공적 기업에서 어렵지 않게 찾아 볼 수 있다.

미국의 간판 IT(정보기술) 회사인 시스코시스템즈는 스톡옵션을 도입해 사원들이 회사에 자긍심을 갖는 독특한 기업문화를 만들어냈다. 존 챔버스 회장은 전체 스톡옵션의 40%를 직원에게 나눠줬으며, 그 결과 시스코 직원의 10%인 2,300여 명이 백만장자 대열에 합류했다. 직원을 백만장자로 만들어주는 회사이다보니 이직률도 3% 내로 미국내 기업중에서 가장 낮은 수준이다. 최근 주가급락으로 위상이 떨어지기는 했지만 시스코는 한때 미국 나스닥시장 시가총액 1위 자리를 차지하기도 하는 등 최고 기업으로 성장해 스톡옵션 도입의 성공사례로 꼽힌다.

역시 IT 기업으로 거듭난 오라클의 래리 엘리슨 회장은 2000년 9월, 앞으로 3년간 연봉을 안 받겠다고 선언했었다. 오라클 주주들의 합의로 결정된 엘리슨에 대한 새로운 보상 체계는 2003년 5월까지 받기로 했던 270만 달러의 연봉과 보너스를 포기하는 대신 당초 1,360만 주로 정해졌던 스톡옵션을 2,000만 주로 늘려 받기로 한 것이다. 스톡옵션 행사가격이 13.75달러로

낮기 때문에 엘리슨 회장은 계약변경으로 최소 10억 달러 이상의 추가수익을 올릴 수 있다.

월트디즈니사의 마이클 아이스너 회장은 93년 스톡옵션으로 2억 230만 달러를 거머쥐었으며 인텔사의 앤디 그로브 회장은 96년 스톡옵션으로 9,800만 달러를, 델컴퓨터의 마이클 델 회장은 98년 7,500만 달러를 벌었다.

스톡옵션의 위력은 다음과 같은 사례에서 극명하게 드러난다. 씨티그룹의 샌포드 웨일 회장은 지난 2000년을 기준으로 기본 연봉만 약 253억 원(1,948만 4,414달러). 여기에 스톡옵션 평가익을 더할 경우 6배가 넘는 1,656억 원의 수입을 올린 것으로 집계됐다. 참고로 메이저리그 최고연봉 선수인 텍사스 레인저스의 알렉스 로드리게스가 받는 2002년 연봉은 328억 원(2,520만 달러)이다. 스톡옵션은 많은 백만장자 꿈에 빠진 사람들을 직장에 붙잡아 놓는 동시에 엄청난 부를 선사했다는 뜻에서 황금수갑(golden hand-cuffs)이라고 불리기도 한다.

칭기스칸이 제국을 세우는 첫머리에서 '개별 약탈의 금지' 라는 당시로서는 혁명적인 선언을 한 이유가 여기에 있다. 그는 수많은 기득권층의 반대를 감내하면서도 구성원 전체에게 평등한 분배를 약속했다. 전쟁에 참여한 병사 모두가 자기 자신의 일로 여길 수 있는 제도를 만든 것이다. 그리고 이 힘은 전 지구적 영토 정벌이라는 놀라운 결과를 낳게 된 것이다. 800년 전의 신경영, 이것은 칭기스칸 제국이 승리할 수 있었던 첫번째 성공 비결이었다.

속도 숭배주의자들

물리학에 $E=MC^2$이라는 운동에너지 공식이 있다. 이 공식을 전쟁에 대입해보자. 에너지(E)는 군대 전투력, 질량(M)은 병력 규모나 투입된 예산, 속도(C)는 기동성쯤이 될 것이다. 전투력은 병력 규모나 투입된 예산에 정비례하지만 속도에는 제곱 비례한다. 따라서 몽골처럼 적은 병력으로 대병력을 무찌르는 지름길은 기동성을 높이는 것이다.

수적 열세에서 세계 정복에 나선 몽골 유목민들은 사람 수를 당장 늘릴 수는 없지만 속도는 늘릴 수 있다고 판단했다. 가장 손쉬운 방법으로, 불필요한 것을 소유하지 말아야 한다고 생각했다. 가축만 해도 오리나 돼지는 소나 말, 양과 달리 사람 손길이 많이 가는 동물들이다. 그래서 그런 동물들은 아예 기르지 않았다. 몸에도 꼭 필요한 것만 지니고 다녔다.

그들은 특히 말(馬)의 효용성에 주목했다. 유목민들은 '말의 가축화'를 이뤄 냈다. 기차나 컴퓨터 발명에 비견할 수 있을 만큼 인류사에 획기적인 성과요 사건이다. 그들은 가축으로 키운 말을 이용해 보병과 보급선을 두지 않는 간편한 기병체제를 만들었다. 이 시스템은 놀라운 행군 속도와 신속한 명령 체계를 창출해 농경 정착문명의 군대를 제압했다.

유목군대는 군사 장비도 경량화해 속도를 늘렸다. 당시 유럽 기사단 갑옷과 전투 무기의 무게는 70킬로그램이었지만 유목민 군장은 7킬로그램밖에 되지 않았다. 유럽 병사들은 『기사 윌리엄』 같은 영화에서 보듯 철갑 통으로 된 갑옷을 입었다. 외관은 그럴싸할지 몰라도 기동성은 당연히 떨어진다. 그들의 동작은 굼떴고, 팔 움직임도 자유롭지 못했다. 그래서 긴 창을 가지고 다녔고, 정면만을 향해 돌진하며 싸우는 수밖에 없었다. 몽골 군대는 갑옷 대신, 옷 속에 얇은 철사로 된 스프링을 넣고 다녔다. 몸이 가벼울 뿐만 아니라 화살도 웬만큼 튕겨 내는 갑옷 효과를 냈다.

활과 화살도 요즘 표현을 쓰자면 '신소재'로 만들어 가볍되 멀리 날아가도록 고안해 냈다. 군량 무게를 줄이는 것도 행군 속도를 높이는 방법이다. 요즘 인스턴트 음식의 시초 형태로 전투 식량을 마련해 군수보급품 무게를 가볍게 했다. 보르츠(육포)가 대표적인 예다. 소 한 마리 분의 고기를 말린 보르츠는 소 방광에 모두 들어가 운반하기 간편하고 가벼우면서도, 병사 한 명의 1년 식량으로 너끈했다.

몽골 군대는 원정 전쟁을 치르려면 군대 이동은 물론, 군수 물자, 병참, 식량을 운반하기가 쉽지 않다는 점을 간파했다. 그들은 전장까지 동물을 끌고 다니면서 보급 문제를 해결했다. 정착민들처럼 지켜야 할 근거지가 그들에겐 없었기 때문이다. 여자나 아이들은 병사들의 전선 후방에서 가축을 돌보며 방목과 군량 지원을 동시에 해결했다.

농담이지만, 우리 민족이 평화를 사랑하는 민족임은 천만 다행이다. 우리가 호전적이어서 원정 전쟁이라도 나서게 됐다면 엉뚱한 어려움이 많았을 것이다. 우리 식성에 육포만으론 군량을 해결하지 못할 것이기 때문이다. 삼겹살, 상추, 고추장, 마늘에 젓갈까지 챙겨 가야 할 테니, 기동성과는 너무 거리가 멀다.

초강대국 미국도 걸프전 때 몇 달에 걸쳐 사전 준비를 해야 했다. 사우디아라비아와 쿠웨이트까지 군수물자를 실어갈 수단이 마땅치 않았기 때문이다. 나중에는 한국 해운회사 선박까지 동원했다 한다. 몽골 군대가 육포 같은 전투 식량을 이용하고, 부족한 보급품도 현지에서 조달했다는 게 기동성에 얼마나 유리한 조건이었는지 알 수 있을 것이다. 그들은 속도에 관한 한 누구보다 열렬한 숭배자였다.

보급품을 실어 나르는 정착민과 현지 조달도 불사하는 유목민의 차이. 이는 근거지가 필요한 정착민과, 살기 위해 움직이고 머무는 곳을 근거이자 고향으로 여기는 유목민의 마인드 차이에서 비롯한다. 속도와, 속도를 높일 때 그것이 터뜨리는 에너지의 중요성은 최근 한국 축구에서도 입증됐다.

왜 한국 축구는 강할까. 북한은 1966년 8강에, 남한은 2002년 4강에 올랐다. 아시아에서는 어느 나라도 이루지 못한 성적을 우리만이, 그것도 반쪽으로 나뉜 채 거뒀다. 확실히 우리에겐 뭔가 있다. 그게 뭘까. 북한이 이탈리아를 꺾자 세계는 경악했다. 동방에서 달려온 작은 전사들이라고. 그때 북한의 무기는 '스피드와 에너지'였다. 남한도 똑같이 이탈리아를 꺾었다. 역시 무기는 '속도와 힘'이다. 36년 시차에도 무기는 바뀌지 않았다. 서양인 눈에 비친 우리 축구의 특징은 빠름이다. 그럼 빠름이란 무엇인가. 그건 단순히 몸놀림이 민첩함을 뜻하는 게 아니다. 빠름은 가지고 태어나는 것이지 후에 얻어지는 것이 아니다. 빠름은 선천적이며 전수된다.

경향신문 김택근 칼럼

우리는 한국의 첨단 축구를 간과하고 있었다. 한국 팀의 믿기지 않는 운동량은 수적 우위를 만들어 냈다. 끝없이 가하는 압박, 포지션 체인지, 완벽한 커버링은 정말 강한 첨단 축구를 만들어 냈다. 한국팀의 투지가 부럽다. 지난 날의 한국 대표팀을 '신흥공업국', '육탄공격적' 등으로 표현한 것이 큰 실례였다. 축구에서는 항상 새로운 흐름이 일어나고 있다.

무라카미 류의 논평

전쟁이나 축구뿐 아니라 기업 경영에서도 속도의 문제는 선택이 아니라 필수적인 성공 비결이다. 포스코는 그 대표적인 기업이다.

세계적인 초우량기업 포스코는 수년 전까지 거대조직의 비효율성이 드러나는 '조직 동맥경화'로 고심하고 있었다. 유상부

(劉常夫) 포스코 회장은 지난 2000년 말 "조직내 부서간의 장벽 때문에 정보 공유가 안 돼 빠른 의사결정을 내릴 수 없다"는 보고를 받고 충격을 받았다.

유 회장이 이를 확인하기 위해 평소에 보고되지 않는 내용의 정보를 아래에 주문하니, 열흘이 지나도 보고서가 올라오지 않았다. 조직간에 평소에 정보 공유가 거의 이루어지지 않는 탓에 새로운 정보를 생산해내는 데 애를 먹고 있었던 것이다.

이같은 조직의 노후화를 극복하기 위해 외국계 컨설팅사와 사내직원을 대거 투입해 개선작업에 들어갔다. 1년이 넘는 작업끝에 전사적 자원관리시스템(ERP), 활동기준 원가회계(ABC), 전자상거래 등 각종 신경영기법이 과감하게 도입됐다. 또한 의사결정도 벤처기업처럼 빨라졌다. 포스코는 최근 기아특수강 인수 관련 실사참여를 결정하는 데 사흘을 넘기지 않았다. 과거같으면 한 달 이상이 걸리는 사안이었지만 결제시스템의 변화가 이런 속도를 가져온 것이다.

이같은 시스템의 도움으로 포스코는 2002년부터 경영기획을 분기별로 짜고 있다. 과거 1년에 한 번씩 경영계획을 수립한 것에 비하면 엄청난 비약이다. 통합화된 정보기술이 의사결정에 필요한 정보를 실시간으로 제공하고 있어 가능한 일이다. 포스코측은 "경영혁신에 2,000억 원이 들었지만 4년 만에 경비절감액만 4,000억 원에 이르고 무형의 효과는 측정이 불가능할 정도"라고 밝혔다.

박정인(朴正仁) 현대모비스 회장의 별명은 '스피드경영의 전도사' 다. 지난 2000년 7월 '스피드 경영' 을 천명하고 사내에서 상사와 부하가 얼굴을 마주보는 '대면(對面)보고'를 완전히 없애면서부터다. 박 회장은 하루가 다르게 급변하는 경영환경 속에서, 신속한 의사결정만이 기업경쟁력을 키울 수 있다고 보았다. 그는 회사이름을 현대정공에서 '현대모비스'로 바꾸면서 이같은 생각을 곧장 실행에 옮겼다. 그는 우선 어느 곳에서든지 업무보고와 전자결재를 할 수 있는 첨단 인트라넷 시스템을 구축함으로써 회사내에서 서류더미를 몰아냈다. 서류결제가 없다보니 그만큼 시간이 절약되고 사내 효율성도 높아졌다.

또한 국내 대기업 가운데 처음으로 UMS(메시지 통합관리 서비스)시스템을 도입했다. 이 시스템은 임직원들의 개인컴퓨터(PC)와 휴대폰을 연결, 회사 밖에서도 PC를 통해 그때그때 메일 및 팩스를 받아 보고 업무를 처리할 수 있도록 한 것이다. 박 회장을 포함한 16명의 임원들은 카메라와 헤드셋이 부착된 개인용 모니터를 통해 그날 그날의 중요한 경영사항에 대한 회의를 갖는다. 최근에는 화상회의를 140여 명의 부서장급으로까지 확대해 업무 효율 극대화에 박차를 가하고 있다.

현대모비스의 스피드경영은 협력업체들에게도 적용된다. 협력업체와 자재발주 납품 대금지불 등 실제 구매업무를 인터넷상에서 실시하는 전자조달 정보시스템(MIPS)을 구축해 실시간으로 각종 정보를 공유하고 있다. 또 협력사의 유동적인 자금운용을 위해 전자방식의 대금지불 시스템도 도입했다. 덕분에 어음발행 등 구매업무에 들어가는 시간과 관리 인원을 획기적으로 줄일 수 있었다.

눈과 귀를 열어라

칭기스칸이 승리할 수 있었던 또 하나 이유는 정보 마인드에 있다. 유목민들에게 정보는 생존을 위한 필수 과목이었다. 초원지대엔 험준한 산이 없다. 주로 호수와 강, 들판이라 천지사방이 평평하다. 이런 자연조건에선 언제 적이 들이칠지, 내가 어디에 숨어야 할 지 항상 경계하게 마련이다. 또 주변 사람들과는 많은 이야기와 의견을 나누게 된다. 나 말고 다른 사람들은 무슨 생각을 하고 있을까. 지평선 너머 초원에는 적이 있을까 동지가 있을까. 가축들을 배불리 먹일 초지가 어디에 있을까. 바깥 세상 사람들은 어떻게 살고 있을까. 유목민들은 끊임 없이 뭔가를 알아내야 했다.

그래서 그들의 인사말은 "안녕하십니까"가 아니라 "당신이

온 쪽에서 무슨 일이 있었습니까"였다. 주변 사람과 정보를 교환하고, 정보를 많이 수집하는 것이 생존과 직결됐기 때문이다. 몽골인 시력은 평균 4.0 이상이라고들 한다. 몇 십 리 밖에서도 먹을 것 냄새를 맡을 수 있다는 얘기도 있다. 작은 날씨 변화를 기가 막히게 감지해내기로도 이름 나 있다.

유목민에게 외지인은 정보를 가져다 주는 사람이다. 그래서 외지인을 환대한다. 반면 정착민들은 자기 몫을 지키려고 외지인을 배척한다. 양자의 차이를 실감나게 보여주는 사람들이 우리 역사에 있다. 보부상이다. 이곳 저곳을 옮겨 다니는 보부상은 조선시대 최고 정보원들이라 할 수 있다. 갓 시집 온 양반집 새댁에게 화장품을 팔며 이웃마을 소식을 전해주는 유일한 사람들이었다. 그러나 농부와 선비의 나라인 조선의 정착사회에서 이런 정보력을 지닌 보부상들은 사회적 지위를 인정 받을 수 없었다. 그래서인지 그들은 결국 일제시대에 이르러 일본의 앞잡이가 됐다. 독립협회가 개최한 만민공동회를 습격하며 개화파를 무고·탄압하는 데 앞장 선 황국협회(처음에는 황국중앙 총상회·皇國中央總商會로 출발)가 바로 보부상들이 주축이었던 조직이다.

전쟁이 일어나면 정보는 더 큰 위력을 발휘한다. 칭기스칸의 주요 정보원들은 중앙아시아와 중원을 오가며 무역을 하는 대상단(隊商團)이었다. 대상들은 실크로드를 대동맥으로 삼아 곳곳을 떠돌아 다니는 피 같은 존재였다. 고원의 칭기스칸은 주로 아라비아 상인들인 이들을 통해 바깥 세상에 대한 정보를 듣고 참고했다. 대상들의 도움에 힘입어 만리장성의 요새 거용관을 넘을 수 있었고, 서하 전쟁과 콰레즘전에서도 승리를 거둘 수 있었다.

정보화 마인드로 무장한 칭기스칸 군대는 첩보전과 심리전까지 자유자재로 구사했다. 어떤 나라를 공격하기 앞서 그 나라에 관한 정보부터 속속들이 수집 파악했다. 적국 군대에서 누가 얼마나 용맹한지, 누가 우호적이고 누가 적대적인지, 성곽 보초는 몇 시간마다 교대하는지, 보초망에서 어디가 약점인지 등등이다. 공격해 들어갈 때엔 5천 명이 나서도 5만 명이 공격하는 것처럼 루머를 퍼뜨렸다. 적군은 싸우기도 전에 사실상 무릎을 꿇었다.

기업 경영을 성공하기 위한 핵심은 무엇일까? 현대 기업에서 그것은 정보 마인드일 것이다. 한때 퇴출 위기에 놓였던 의류 메이커 '이랜드'엔 요즘 '지식경영(Knowledge Management)'의 노하우를 배우겠다는 기업·관청의 문의가 쇄도하고 있다고 한다. IMF 직후 부도 위기까지 갔던 이랜드가 전 직원의 정보화와 지식 경영을 통해 회생했다는 입소문 때문이다.

이 회사 여성 캐주얼 브랜드 '로엠'의 한 사업부문은 2001년 초만 해도 만년 적자에 시달리던 회사 내 퇴출 1순위 사업부서였다. 그러나 이 부실 부문은 1년 만에 영업이익 60억 원의 알짜 부서로 변신, 모든 사람을 놀라게 했다.

이 처럼 깜짝놀랄만한 변신은 인터넷상의 '이랜드 지식몰(Knowledge Mall)' 덕분이다. 이 지식몰은 이랜드에 있는 모든 직원들이 자신들이 알고 있거나 써먹었던 최신 지식들을 올려놓고 동료들이 활용할 수 있도록 만들어놓은 '지식 장터'이다.

부실 부문의 사업 책임자는 이 지식몰에서 아이디어를 얻어 월 매출액이 5,000만 원에도 못 미쳐 끙끙대던 한 매장을 1년 만에 매출 2억 원짜리로 만들었다. 2주일에 1번꼴이던 쇼윈도(장식대) 교체 주기를 1주일에 2번으로 늘리고, 매장 직원들에게 손익분기점 개념과 방문 고객에게 제품구매를 유도하는 방법 등을 주입시킨 덕분이다. 이 지식몰에서 '패션'을 클릭하면 경영관리, 마케팅, 물류, 영업 등으로 분류된 5,800여 건의 각종 지식들이 차례로 떠오를 정도로 정보량은 막대하다.

구두약 생산업체인 '(주)캉가루'는 전사적 자원관리시스템(ERP)을 본격적으로 가동하면서 업무효율을 톡톡히 올리고 있다. 우선 결재 등 업무 처리속도가 종전 3일에서 1일로 단축됐다. 한 예로 월말 정산이 다음달 22일에 끝나던 것이 7일로 당겨졌다. 사내 정보화를 통해 이중 작업을 줄이고 원가계산을 통한 수익성 파악을 효율적으로 할 수 있게 된 것이다.

Y셔츠 생산업체인 '로얄B&B'는 2001년 9월 도입한 ERP를 시험가동하고 있다. 적정재고와 현금흐름, 생산, 판매 등에 대한 정보를 한눈에 파악할 수 있도록 한 시스템에 큰 기대를 걸고 있다. 과거에는 재고량이 얼마나 되는지, 판매가 어느 정도 이루어지는지에 대한 정보를 즉시 구하지 못해 재고관리와 생산에 많은 어려움을 겪었기 때문이다.

물류업체인 '코세 로지스틱스'는 운반해야 할 물량 규모와 과정에 따라 차량별로 손익을 즉각적으로 계산해 내면서 원가를 계산할 수 있는 체제를 갖췄다. 주먹구구식으로 하던 작업을 사내 정보화를 통해 적절하게 차량을 운용할 수 있게 된 것이다.

적의 군대도 아웃소싱하라

레고(Lego)라는 장난감은 참 신기하다. 자동차가 됐다가 다시 뜯어 조립하면 배도 되고 집도 된다. 한 마디로 규정할 수 없는 레고 블록의 정체성. 순간적 필요에 따라 전체가 살아있는 생물처럼 변화하는 가변성. 이런 특성들이 레고 블록을 최고 장난감으로 만들었다.

가변성은 레고 블록이 모두 호환성을 갖추고서 표준적으로 움직이는 데서 나온다. 만일 수백 개 레고 블록으로 로켓을 만들었다면 그 최종 결과물은 각각의 블록을 물리적으로 합한 것 이상이 된다. 부분의 합이 전체보다 훨씬 커지는 셈이다. 레고 블록 하나 하나가 지닌 성격들이 결합돼 완성되고 나면, 이전 레고 블록에서 볼 수 없는 전혀 다른 성격을 지니기도 한다. 때문에 개인의 다양성이 전체와 어떻게 조화를 이룰 수 있느냐가 관건이다. 다양성과 전체성이 공존하는 세계에서는 전혀 다른 의미의 구조가 꽃을 피우게 된다.

한 가지 일만, 자기 앞의 것만 잘하면 되는 세상은 갔다. 운동선수도 멀티 플레이어, 연예인도 만능 엔터테이너여야 한다. 이제 호환성을 갖추지 못한 사람들은 점점 낙오의 운명으로 다가가게 될 것이다. 젊고 살아있는 조직을 만들고 싶으면 조직의 호환성을 높여야 한다. 자유자재로 변화하는 레고처럼 유연한 사고만이 호환성과 표준화를 이룰 수 있다.

칭기스칸 군대의 특징은 점령지의 종교나 문화 부문에 일체 관여하지 않는 데서도 찾을 수 있다. 그들은 하층을 그대로 둔 채, 상층부만 부수는 데 주력했다. 군대 조직도 천호제라는 이름으로 일종의 피라미드 형태를 갖췄다. 그래서 칭기스칸이 손을 한 번 들면 그의 군대는 10만이 됐다가, 한 번 더 들면 20만, 30만, 40만으로 얼마든지 변신했다. 군대 숫자가 고무줄처럼 신축적일 수 있는 비결은 어떤 병사를 충원하더라도 충분히 전술기량을 펼치는 호환 조직이었기 때문이다. A가 하는 일을 B가 할 수 있고, 활을 쏘다가도 칼을 들고 진격할 수 있었기 때문이다. 정착문명 군대는 활 쏘는 군사, 창 든 군사, 말 타고 진격하는 군사 식으로 나뉘어 있었다. 반면 칭기스칸 군대는 모든 군사가 기본 전술기능을 종합적으로 수행할 수 있었다.

더욱 놀랍게도 칭기스칸 군대의 호환성은 전쟁에서 이긴 뒤 포로들을 흡수 편입시키는 데까지 나아 갔다. 칭기스칸의 마인드에 '적과 나(我)'라는 적대적이고 엄격한 구분이 있었다면 불가능한 일이다. 칭기스칸은 적이든 아니든 쓸모 있는 모든 사람을 확보하려 했다. 전쟁에서 승리할 때마다 기술자들을 따로 골라내고 부족한 군사들을 현지에서 충원하는 방식으로 항상 인력 풀을 운용하는 놀라운 지혜를 지니고 있었다.

이 부분에서 한국 축구는 최근 성공적 경험을 했다. 히딩크 감독은 한국 대표팀을 맡은 뒤 우리에게 다소 생소한 '멀티 포지션' 이나 '멀티 플레이어' 개념을 자주 거론했다. 선수라면 특정 포지션뿐 아니라 2~3개 포지션은 능히 소화하는 능력을 갖춰야 한다는 이론이었다. 이를 두고 한국 축구 현실이나 선수 기량을 감안하지 않은 발상이라는 부정적 여론이 팽배했다. 그러나 결과적으로 멀티 플레이어 양성은 개인기가 모자라는 한국이 조직력과 기동력으로 승부할 수 있게 해준 기반이 됐다.

레고식 경영에서, 기업은 CEO가 어떻게 조립을 하느냐에 따라 다양한 결과를 창출해 낼 수 있다. 기업 경영을 인간 사회 전체로 옮겨 놓아도 마찬가지다. 레고형 문명-문화를 만들 수도 있고, 칭기스칸의 예에서 보듯 정복지 포로들을 자기 군대로 편입시켜 일종의 레고 군대를 만들 수도 있다. 필요하다면 누구든 무엇이든 함께 갈 수 있는 것이다.

경영의 측면에서 보면 이것은 철저한 '아웃소싱' 이다.

'아웃소싱(outsourcing)' 이란 기업이 고정비를 줄이기 위해 핵심역량 외의 전산(電算) 등 주변 업무를 외부에 맡기는 경영전략을 의미한다. 최근 경제상황이 불투명해지고 '투자리스크' 가 커가는 가운데, 몸 사이즈를 줄여야하는 기업들이 '아웃소싱' 을 속속 도입하고 있다.

고양이 1천 마리와 제비 1천 마리를 잡아주면 철군하겠다

칭기스칸 군대가 거둔 승리의 또 하나 동인(動因)은 구성원 하나 하나가 총력전을 펼친 데 있다. 칭기스칸 군대는 요즘 말로 정규전, 게릴라전을 구분하지 않았다. 바둑에 비유하자면 반상의 돌들이 저마다 최선의 수를 이어낸 끝에야 승리할 수 있는 것과 같다. 바둑은 가장 유목-이동 문명적인 게임이다. 장기나 서양 체스와는 판이하게 다르다. 이를테면 장기의 말들은 하나 하나가 움직이는 방식이 '이미 정해저' 있다. 포, 상, 마, 차, 졸의 기성 역할이나 정체성은 내내 바뀌지 않는다. 심지어 각기 말들이 갈 수 있는 길과 갈 수 없는 길까지 미리 정해져 있다. 농경-정착 문명의 신분위계 질서를 닮았다.

바둑에선 모든 돌이 똑같고 평등하다. 더욱 의미심장하게도 그 평등한 돌들은 혼자만으로 생존할 수가 없고 아무런 의미도 지니지 못한다. 서로 연결되면서 서로가 서로를 살리는 상생(相生)으로 전체가 사는 방식이다. 기존 돌들이 형성하는 어떤 관계 옆에 새 돌이 놓이면서 다시 전혀 새로운 관계가 형성되기도 한다. 게다가 놓이는 위치에 따라 그 역할도 시시각각 달라진다. 전형적인 유목-이동성이다.

바둑판에는 어떤 경계도 영토 개념도 없다. 장기판은 한복판에 그은 선을 기준으로 이쪽과 저쪽, 적과 나(我)가 분명하게 나뉜다. 그러나 바둑판은 아무 것도 정해지지 않은 상태에서 두 사람이 놓아 가는 돌들의 향방과 관계에 따라 변화무쌍하게 영역이 형성돼 간다. 이런 원리에 따라, 바둑식 사고를 하는 몽골 군대는 체스식 사고를 하는 유럽 군대를 격파했다. 유럽군은 체스를 두듯 진을 짜고 대항했지만 몽골 기마병들은 정렬된 진지 없이 변화무쌍한 공격으로 상대를 유린했다.

몽골 유목군대가 얼마나 총력전으로 임했는가는 카르피니 출신 수도사가 쓴 『카르피니의 몽골여행기』를 보면 알 수 있다. 이 수도사는 칭기스칸제국의 3대 칸인 구육칸의 즉위식을 참관하러 서양에서 파견됐었다(카르피니는 원래 사람 이름이 아니라 지역 명이다).

킵차크칸국 수도 사라이를 둘러싸고 있는 경계 초소에서 경비를 서던 병사가 졸다가 그만 잠이 들었다. 누구한테 들킨 것도 아니지만 잠에서 깨어난 병사는 스스로 깜짝 놀라 친위대장에게 자백했다. 마침 (동행한) 존 수사가 그 병사의 처형식을 구경하다, "아무도 모르는 사실을 굳이

밝힐 필요가 있느냐"고 병사에게 물었다. 그 병사는 순진무구한 표정으로 고개를 저었다.

"내가 잠든 시간에 적이 쳐들어 왔더라면 우리 바투칸이 위험했을지도 모른다. 경계중에 잠들었다는 것은 용서할 수 없다."

그 병사는 친위대장 명에 따라 그날로 처형됐다.

이 이야기는 인구 100만~200만에 지나지 않는 몽골이 어떻게 1억~2억 인구를 통치하고, 4만 몽골군이 어떻게 2,500만 유럽인을 정복 통치할 수 있었는지 설명해 준다. 그것은 몽골군 모두가 제각기 맡은 임무를 100% 수행하지 않고서는 불가능한 일이었다.

칭기스칸의 정복 전쟁중에 총력전을 펼친 재미있는 일화가 있다.

몽골 고원을 통일한 칭기스칸은 중원을 정복하기로 결심한다. 금나라는 조상을 죽인 원수의 나라다. 하지만 아직은 역부족이다. 유목민 군대는 잘 훈련돼 있지만 지상 최대 국가인 금과 전쟁을 벌이기엔 경험이 부족하다. 무엇보다 유목민들에게 낯설기만 한 성곽을 효과적으로 공격하는 방법을 모른다. 이런 것들을 어디서 배울 수 있을까. 그는 서하(西夏)를 떠올렸다.

서하의 탕구트인들은 중화문명 영향을 많이 받은 민족이었다. 중국 문자에서 파생된 문자를 발전시켰고, 불교-도교-유교 서적들을 번역해 공부했다. 상설시장을 거느린 도시와 군사 요새가 있었고, 관료제를 시행했으며, 학문 수준이 매우 높았다. 서하는 칭기스칸 군대가 금나라를 힘으로 대적하는 법을 배우는 훈련지가 돼야 했다.

1207년, 칭기스칸은 고비 사막을 가로질러 서하 변경 마을들을 점령했다. 마침내 성곽과 마주쳤다. 몽골군이 처음으로 직면한 성벽이었다. 속도 빠른 기마전에 익숙한 몽골군도 성곽 앞에선 속수무책이었다.

여기서 칭기스칸은 기발한 아이디어를 낸다. 그는 고양이 천 마리와 제비 천 마리를 조공으로 바치면 철군하겠노라고 서하의 왕에게 통고했다. 성 밖으로 가는 길이 완전히 차단된 서하인들로서는 천만 뜻밖이자 너무 반가운 제의였다. 가축이나 재물이 아니라 제비와 고양이를 내놓으라니 그럴 수밖에. 그들은 서둘러 고양이와 제비를 잡아 몽골군에게 넘겼다.

칭기스칸 군대는 고양이와 제비들의 꼬리에 솜 뭉치를 매달아 불을 붙인 뒤 풀어 줬다. 강풍에 날리는 불꽃처럼 제비와 고양이들은 성 안 둥지를 되찾아 갔다. 성 벽 너머로 연기가 피어 올랐다. 처음에는 여기, 다음에는 저기, 그리고 곧 수십 곳, 수백 곳에서 연기가 올랐다. 결국 성 전체가 불에 잠겼다. 서하군이 불과 싸우는 동안, 몽골군은 성채를 점령했다.

하지만 칭기스칸은 이런 임기응변이 해결책이 될 수 없다는 걸 뼈저리게 느꼈다. 그는 결국 공성(攻城) 무기를 만드는 기술과, 그 무기를 다루는 전술에 눈을 됐다. 초원의 기마병들은 이제 성을 공격하는 전술을 익히는 데 몰두했다. 모래주머니, 거대한 고리 버들 방패, 사닥다리, 충차(衝車) 등의 사용법을 배우고 또 배웠다.

실제 전투와 훈련이 따로 없었다. 칭기스칸은 전투만 전문적으로 하는 집단을 길렀다. 영화 식으로 표현하자면 프로페셔널 킬러 집단이다. 칭기스칸은 그들을 양성하기 위해 케식텐이라는 군사학교를 세웠다. 지금 우리로 치면 서울대와 육사를 합친 교육기관 쯤이다.

사실 병사들이 전투에 나서더라도 전투를 전문으로 하기란 쉬운 일이 아니다. 전투를 프로페셔널하게 수행한다는 것은 자기의 모든 것을 바쳐 승리하고, 명예와 자존심, 그리고 대가를 받는다는 뜻이다. 그들은 아마추어와 전혀 다른 세계를 사는 사람들이다. 아마추어가 일종의 취미형이라면, 프로는 그야말로 목숨을 비롯해 모든 것을 걸어야 하는 사람들이다.

요즈음의 기업들에게선 부서체제가 아닌 팀제를 선호하는 경향이 늘고 있다. 고정된 업무만 수행하던 부서체제보다 한 사람이 여러가지 일을 할 수 있는 팀제가 효율적이기 때문이다. 이는 총력전을 의미하는 말이다.

'수입 사장'이 이끄는 일본 닛산(日産)자동차 신화의 비결 뒤에는 카를로스 곤(48)의 살인적인 감원 외에도 뼈를 깎는 조직 쇄신 노력이 숨어있다. 일본 특유의 연공 서열에 메스를 가하고 유능한 인재를 발탁하기 위해 팀제를 도입, 파벌주의를 타파한 것이다. 곤 사장은 '입사 순서' 대로 부서장을 맡는 것을 없애고 소규모 팀을 구성한 후 능력 위주로 팀장을 선발하는 파격적인 인사제도를 도입했다.

롯데칠성은 보수적이고 수직화된 조직을 수평적인 형태의 팀제로 바꾸기 위해 52년 역사상 처음으로 조직 전체를 혁신했다. 이 회사는 "수직적 통제에 중점을 두다 보니 각 부문 부서간 경계와 벽이 생기고 정보의 흐름이 원활하게 일어나지 않아 이같이 결정했다"고 설명한다. 모든 조직을 중앙에서 통제하는 방식으로 운영하고 한 사람이 물류와 영업을 총괄하게 되면 효율성이 떨어진다는 것이다.

세스코는 2000년 들어 갑자기 스타덤에 오른 기업 중 하나이지만, 기업 변신 노력은 90년대 중반부터 시작했다. 이 회사는 방제사업분야에도 언제든지 외국기업이 진출할 수 있다는 위기감으로 우선 조직 개편부터 서둘렀다. 부서제를 팀제로 조직 개편하고 영업도 권역별로 유닛체제로 만들었다. 사업단위별로 책임경영제를 실시한 것이다. 덕분에 단 3명으로 출발한 회사가 450여 명의 임직원과 30여 개 영업소를 갖추게 됐다.

이처럼 각 기업이 경쟁에서 살아남기 위해 부서제를 팀제로 개편하는 것은 팀워크를 증진, 조직 전체의 시너지를 높이는데 그 핵심 목표가 있다. 고성장 시대에서 저성장 시대로 바뀐 상황에서 나타나는 인사-조직상 문제를 해소하려는 현실적 이유도 있지만, 사람들이 팀으로 일할 때 훨씬 좋은 생산성을 보인다는 점에 주목한 것이다. 물론 이를 위해서는 집단 혹은 팀 단위 평가와 팀워크가 필수적이다.

기술자 6만 명을 포로로 잡다

칭기스칸 군대가 전쟁에서 승리했을 때 절대 죽이지 않는 적진
(敵陣) 사람들이 있다. 기술자들이다. 신기술을 지닌 자만이 세
계를 지배한다는 것을 체험적으로 알았기 때문이다. 이는 테크
노 헤게모니, 일종의 기술 패권주의다. 전쟁은 목청으로 하는 게
아니라 기술로 한다. 나름대로 보유한 첨단 무기와 첨단 기술로
수행한다. 특히 숫자가 적은 군대가 멀리 수천, 수만 킬로미터를
달려가서 원정 전쟁을 벌이자니 그 열세를 속도와 기술력으로
보완하는 길밖에 없었다. 그래서 칭기스칸 군대는 자기네 개발
품이든 아니든 기술을 향상시키려고 엄청난 노력을 쏟았다.

유목민들의 전투 기술 개발이 칭기스칸 시절에만 있었던 건
물론 아니다. 충격적 신무기를 대대적으로 세상에 선보인 것은

로마를 괴롭힌 대선배 훈족이었다. 훈족이 유럽에 선보인 무기는 대략 이런 것들이었다.

하나, 나무 안장

유럽인들 눈에 말과 기수가 한 몸으로 보였던 건 안장 때문이었다. 로마 안장은 말 몸통에 가죽 끈으로 잡아 매는 평범한 방식이었다. 반면 훈족 안장에는 버팀목이 있었다. 앞뒤로 우뚝하게 높이 올린 기둥과 안장머리는 말이 움직일 때 기수에게 안정감을 줬다. 버팀목이 없는, 둔중한 로마 기병들은 전투 중에 균형을 잃고 낙마하기 일쑤였다. 하지만 이 가공할 아시아 유목민들은 전혀 달랐다. 그 모습을 암미아누스 마르켈리누스는 이렇게 기록하고 있다.

회오리바람처럼 높은 산에서 휘달려 내려와, 그들이 누구인지 미처 깨닫기도 전에 진영으로 몰려들었다.

둘, 등자

훈족은 나무 안장과 함께 등자도 갖고 왔다. 어떤 학자는 지난 천 년 동안 인류가 거둔 가장 위대한 발명품 중 하나가 등자라고 했다. 등자란 말을 탈 때 두 발을 디디는 기구다. 말 안장에 달아 양쪽 옆구리로 늘어뜨리게 돼 있다. 등자가 있는 것과 없는 것의 차이는 그야말로 천양지차라 할 수 있다. 등자가 있으면, 그 걸로 발을 디디고 무게 중심이 아래로 내려가 고삐를 쥘 필요가 없

다. 허벅지로 말 등을 조여 가면서 자유자재로 말을 탈 수가 있
다. 마상 쇼가 가능한 것도 등자 덕분이다. 앞, 뒤는 물론 옆으
로, 밑으로도 탈 수 있다. 그러나 등자 없이 말을 탄 사람은 중심
을 잡느라 고삐를 단단히 쥐어야 한다. 온 신경이 무게중심 잡는
데 가다 보니 말을 옆이나, 뒤, 아래로 타는 게 불가능하다.

셋, 새로운 활

훈족이 보여준 또 하나 무기는 특이하게 제작된 활이었다. 탄력
있는 나무로 만들었고, 당길 수 있는 중간 부분과 활의 현에 놓
인 화살 끝 사이 폭이 꽤 짧았다. 이 활은 아래쪽보다 위쪽이 더
많이 구부러져 있었다. 덕분에 기병은 자유자재로 손을 놀릴 수
있었다. 그래서 이 활은 복합곡궁 또는 불균형의 반사궁으로 불
렸다.

넷, 삼각 철 화살

훈족은 낯선 화살도 들여왔다. 손잡이에 특별한 구멍이 뚫려 있
어 날아가는 동안 공중에서 여러 소리를 냈다. 이 소름 끼치는
소리는 전투 중 유럽 병사들을 공황상태에 빠뜨리곤 했다. 그건
저승사자의 휘파람 소리였다. 화살의 파괴력 또한 치명적이었
다. 화살 촉은 뾰족한 삼각 철(鐵)이었고 화살 길이는 60~80센티
미터였다. 그게 무서운 소리를 내더니 이내 로마병사의 가죽 갑
옷이 종잇장인 양 뚫고 들어 큰 상처를 입혔다.
　훈족의 활은 60미터 떨어진 목표물도 명중시킬 만큼 고성능이

었다. 덕택에 훈족 전사들은 칼과 창을 들고 맞붙어 싸우는 전통적 전투 사정거리를 벗어나 공격할 수 있었다. 적과 직접적 접촉 없이 공격하면서 압도적 군사력 우위를 지킬 수 있었던 것이다.

이런 전통을 이어 온 유목민들인지라 칭기스칸 군대 역시 기술의 중요성을 너무나 잘 알고 있었다. 칼만 해도 직선형이 아니라 반달형이었다. 말을 타고 달리는, 스피디하게 움직이는 기마전에서 반달 칼은 매우 효과적이었다. 반듯한 직선형 칼은 사람을 찌르거나 베는 수밖에 없다. 그러나 반달칼은 말이 달리는 속도에 얹어 살짝만 그어도 엄청난 파괴력을 냈다. 반달칼 역시 칭기스칸 군대가 만든 게 아니다. 아랍인의 발명품을 칭기스칸 군대가 실전에 대량으로 도입해 효과를 거둔 것이다.

공성 무기를 재론하자. 유목민은 겔에서 살아 성곽을 경험해보지 못했다. 그들이 전투중에 겪은 가장 큰 어려움이 성곽을 쌓고 성 안에 사는 사람들을 만났을 때였다. 도시 전체가 하나의 성으로 돼있으니 이 단단한 성을 어떻게 공격하느냐가 기마 전사들에게는 난제였다. 그들은 성을 공격하는 무기 즉, 공성 무기들을 개발하는 데 많은 노력을 기울였다. 바위 덩어리를 안으로 날리고 철문을 부수는 무기들을 개발해 낸 것이 결국 적은 숫자로 승리하는 비결이 됐다.

그래서 유목민은 기술자를 우대했다. 콰레즘 제국을 정복한 뒤에는 기술자 포로를 무려 6만 명이나 잡아 들였다는 기록이 있다. 그들을 칭기스칸 제국의 수도 카라코롬으로 데리고 가 기술자 집단촌을 만들어 줬다. 기술자들은 거기서 살면서 끊임 없이 기술을 개발해냈다. 오늘 우리로 치면 대덕연구단지 격이다.

기술자를 존중하지 않는 사회는 미래가 없다. 오늘 벤처기업들은 테크노 헤게모니의 단면을 보여주고 있다. 지금과 같은 벤처 시대엔 기술을 가지느냐 못 가지느냐가 기업 운명과 직결된다. 특히 독자적인 원천 기술 개발은 기업의 사활이 걸린 문제다.

칸이라 하지 말고 이름을 불러라

칭기스칸은 자기를 부를 때 칭기스칸이라 하지 말고 이름, 즉 테무친이라고 부르라 했다. '각하', '님' 식으로 부르지 못하게 한 이유는 무엇이었을까. 칭기스칸은 사람들을 차별하는 것을 아주 싫어했다. 리더와 구성원 관계에서도 공평을 추구했다. 남편과 아내 사이에서도 그것을 지켰다. 심지어 정복한 민족과 정복당한 민족 간에도 차별을 두지 않았다. 페르시아 지방에서 빚을 많이 진 몽골 병사가 아랍인의 노예 생활을 했다는 기록도 있다. 정복지에서 승자가 노예가 된다는 것은 지금 우리로선 상상하기 어려운 일이다. 칭기스칸은 자신부터 검소하게 살았다. 부하들과 똑같이 입고 먹었으며 자기 것을 부하들과 공유했다.

그는 자신의 옷으로 부하들을 입히고 자신의 말에 부하들을 태운다.

한국 축구의 '신화 창조'에도 등장하는 부분이다. 히딩크가 한국에 처음 왔을 때, 선수들이 식당에서 선배와 후배로 나뉘어 식사하는 모습을 보고 크게 나무랐다고 한다. 그는 그런 행위가 상호 소통을 방해한다고 믿었다. 그는 선후배 사이에도 서로 이름을 부르게 했다. 후배가 고참에게 말도 잘 붙이지 못하고, 식탁이나 숙소까지 나이대로 배정하는 관행을 깨뜨렸다. 지금 한국 사회에 대입해 보면, 기득권 구조를 고착시켜 온 정치권력, 관료권력, 경제권력에 의한 규제를 타파한 셈이다.

일본 기자는 2002 월드컵을 앞두고 이런 칼럼을 썼다.

한국 대표팀이 히딩크 감독을 영입한 것은 개혁의 일환이었다. 개혁은 일본 축구의 급성장에 자극받은 것이다. 이후 한국 대표팀 전력은 상승했다. 하지만 대표팀 이외의 사정은 어떠한가. 프로축구 K리그는 수준도 인기도 낮다. 팀 수도 적다. 혈연, 지연, 학연 중심 감독-코치 인사는 한국 사회의 축도다. K리그에 외국인 감독이 하나도 없는 것은 이같은 배타성의 한 예다.

히딩크가 이룬 개혁의 핵심은 선수 선발의 공정성이다. 그는 팀 안에서 선후배간 서열을 없애 완전경쟁 시장을 만들었다. 갖가지 소문으로 얼룩졌던 선수 선발권을 온전히 감독 한 사람이 맡아 행사함으로써 능력위주 선수진을 탄생시켰다. 이는 각종 인연으로 얽힌 괴상망측한 부패 구조의 청산이다.

히딩크는 한 사람, 특히 지도자 한 사람이 전체를 바꿀 수 있다는 걸 보여 줬다. 많은 사람들이 그를 '국민적 영웅' 이라고 불렀다. 하지만 그는 "나는 영웅이 아닌 한 사람의 시민" 이라고 말한다. 히딩크는 그의 말대로 한 사람의 시민이다. 하지만 자기 분야에서는 '수십년 간 지도자로서 노하우와 철학을 쌓아온' 전문가다.

그는 선수들에게 최고 호텔과 최적의 훈련 분위기를 제공했다. 수비 코치, 한국인 코치, 비디오분석가, 피지컬 트레이너, 물리치료사에 이르는 대규모 스태프를 가동하면서 업무분화와 전문화를 실현하는 관리능력도 과시했다. 한 감독 아래 이리도 많은 스태프가 붙기는 처음이다. 그는 코치를 넘어 매니저에 가까운 역량을 보여 줬다. 21세기 유목 이동문명 시대에 성공하는 CEO의 비결이 거기에 있다.

거꾸로 생각해 보자. 그 동안 우리는 '혈연, 지연, 학연 중심 감독-코치 인사' 라는 닫힌 사고 때문에 실패한 것은 아닐까. 그렇게 뽑힌 감독과 코치는 '연의 족쇄' 를 끊지 못하고 닫힌 기준에 따라 선수 선발을 하게 마련이다. 성공하는 지도자를 원한다면 뽑는 사람들이 열린 태도를 가져야 한다. 만약 우리가 과거에 그랬던 것처럼 혈연, 지연, 학연에 따라 정치 지도자를 뽑는다면, 그 지도자에게 수많은 연의 족쇄를 채운 것이나 다름없다.

히딩크라는 이방인 감독이 왜 국내파들을 제치고 성공할 수 있었을까. 그의 역량도 인정해야겠지만, 더 중요한 것은 외국인을 감독으로 영입한 우리의 발상 전환이다. 한국 축구가 절망적 상황을 맞았을 때, 이제는 더 이상 해 볼 수 없음을 알고, 그를 맞아 들이는 '열린 태도'를 우리는 보였다. 종전처럼 감독(지도자)에게 채우던 연의 족쇄를 훌훌 털어버리고 히딩크에게 전권을 맡긴 그 자체가 성공의 시작이었다.

칭기스칸이 추진한 여러 개혁들은 당시 몽골 기득권 세력에겐 청천벽력과 같은 것이었다. 당연히 반발이 거셌다. 하지만 칭기스칸은 오갈 데 없는 이들에게 새로운 세상을 열겠다고 약속했다. 그들 또한 칭기스칸의 미래 청사진을 지지했다. 그래서 개혁은 성공할 수 있었다.

대자사크
—법치(法治)의 원칙을 세우다

유라시아 대륙을 통일한 칭기스칸 제국의 성격을 살펴 보자.

우선 칭기스칸은 인치가 아닌 법치의 원리를 세운다. 제국 헌법이라 할 『대자사크(Yeke Jasag)』를 만든다. 몽골 최고(最古) 성문법전이다.

몽골어로 '자사크'는 금령·규칙·법이란 뜻이고, '예케'는 크다(大)는 뜻이다. 따라서 예케–자사크, 즉 대자사크는 개별 부족의 법령이 아니라 제국 전체에 적용되는 법이라는 뜻이다. 대자사크는 칭기스칸 제국이 출범한 1206년 코릴타의 승인을 거쳐 성립됐다.

대자사크는 낡은 과거를 청산하고 세계 제국을 원활하게 통치하기 위해 고쳐야 할 문제들을 나열하고 있다. 하지만 대자사크의 특징은 최소로 정해 놓고 최대로 지켜야 하는 데 있다. 규정은 최소화하되 어길 경우 최대한 엄하게 처벌하도록 해 놓았다. 칭기스칸은 단 36개 조항에 불과한 법으로 대제국을 무리없이 통치할 수 있었다. 인간사의 세세한 항목까지를 모조리 조문화하고도 지켜지는 것은 최소한에 그치는 우리 법 현실과 비교된다.

대자사크 제조. 간통 한 자는 사형에 처한다

제국의 헌법 제1조가 간통에 관한 조항이라니! 칭기스칸은 공동체의 내적 결속을 이완시키는 행위가 가장 큰 범죄라고 생각했다. 유목민은 고립되면 생존을 보장 받을 수 없다. 울타리가 없는 상황에서 집단을 이루지 못하면 외부 위협으로부터 보호 받지 못한다. 그러니 신뢰의 공동체가 모든 것의 선행 조건이다. 간통은 융합집단의 내적 연대를 파괴한다. 부부로 이뤄진 가족 가치가 무너지면 그 사회가 무너진다는 걸 칭기스칸은 알았다. 그만큼 남녀 간의 신의, 인간관계를 중시했다.

여기서 주목할 것은 칭기스칸이 적장의 자식을 잉태한 아내를 아무 조건 없이 받아 들였다는 사실이다. 아내의 잉태는 간통이 아니라 강간에 의한 것이었기 때문이다. 여기에 이 조항의 핵심이 있다. 약속의 파기는 중형에 처하지만 어쩔수 없는 상황에서 저질러진 실수나 잘못은 간단하게 용서된다. 유목민 관습인 형사취수(兄死娶嫂)만 해도 오늘 우리 눈으로 보면 이상할 수 있다. 하지만 당시 열악한 환경에서 남자를 잃은 여인네들을 살리는 길은 이것 말고는 다른 방법이 없었다.

제2조. 수간(獸姦) 한 자는 사형에 처한다

언뜻 보아 인간 품위를 강조하는 규정처럼 보인다. 애니미즘이나 토테미즘, 혹은 샤머니즘에 기초한 인습의 발로라고 해석할 수도 있다. 그러나 그것은 지나친 비약일 것이다. 그보다는 동물의 생명을 인간과 같은 궤도에 올려 놓고 존중하고자 했던 지구공동체적 발상이 아닐까. 일본 영화 『나라야마 부시코』에선 육체적 힘은 넘치지만 정신은 박약한 사내가 결혼할 방도가 없어지자 수시로 이웃집 개를 겁탈한다. 초기 유목민 사회에선 이런 일이 비일비재했을 것이다.

이 경우, 요즘 우리의 미성년자 성보호법 같은 것을 동물에 적용할 필요가 없으리란 법은 없다. 수간을 동물에 대한 성적 학대로 이해하고 그를 엄벌로 다스리려 한 의지는 제8조를 읽고 나면 한층 선명해진다.

"짐승을 잡을 때는 먼저 사지를 묶고 배를 가르며 고통스럽지 않게 죽도록 심장을 단단히 죄야 한다. 이슬람 교도처럼 짐승을 함부로 도살하는 자는 그 같이 도살 당할 것이다."

유목민들이 동물을 인간과 똑같이 한 가족으로 보았던 흔적은 여러 곳에서 쉽게 찾을 수 있다. 울란바토르 근교 톨아이막에 가면 말의 동상 하나가 서있다. 고향을 잊지못한 어느 영리한 말을 기리는 동상이다. 베트남전이 사실상 시작된 1961년. 당시 월맹과 사회주의 동맹국이던 몽골이 월맹을 도우려고 말 1만 마리를 기차에 태워 보냈다. 하지만 베트남의 고온 다습한 기후를 버티지 못한 숫 말 한 마리가 중국 대륙을 가로지르는 철길을 따라 고향 마을까지 되돌아왔다.

인간의 가족이나 다름없는 말을 학대했다는 여론이 들끓자 울란바토르시는 그 말을 사들여 암말 10마리와 함께 초원에 풀어 줬다. 얼마 전 대전까지 팔려 갔던 진도개가 고향 진도로 돌아와 화제가 됐다. 하지만 몽골 말이 돌아온 거리와는 비교가 되지 않는다. 이 일화는 유목사회에서 말과 인간의 내적 결속이 얼마나 단단한지 느끼게 해준다. 몽골 고원의 말들은 스스로 살아 남기 위해, 더 넓고 푸른 초지를 확보하기 위해 유목민들과 혼연일체가 돼 싸우는 참전마들이었다.

인간 품위에 관한 규정은 제3조에서야 나온다. 여기서도 절도를 비롯한 소유권 보호보다 상황에 관한 것을 중시한다. 이 역시 눈 여겨 볼 만하다.

제3조. 거짓말을 한 자, 다른 사람을 몰래 훔쳐본 자, 마술을 부리는 자, 남의 싸움에 개입해 한 쪽을 편드는 자는 사형에 처한다

어쩌면 이리도 21세기 형 범죄들을 조목조목 잘 언급했을까. 20세기 말 인간들에게 보편적 삶의 형태가 돼버린 제반 덕목들, 즉 언어를 전략적으로 구사하는 자, 관음증이 있거나 염탐하는 자, 진실하지 못한 자, 왕따를 주도하는 자는 엄벌에 처하겠다니.

4조에 이르러 그 전율할 듯한 존재의 외침이 나온다.

제4조. 물과 재에 오줌을 누는 자는 사형에 처한다

모두 함께 먹는 물을 더럽히는 자를 처벌하겠다는 공동체 생활 규범을 제시한 조항이다. 어찌 보면 지나친 조항이라고 생각하기 쉽다. 농경사회에선 거름을 만드느라 물과 재에 오줌을 섞는 일이 다반사이기 때문이다. 하지만 이 항목을 제대로 이해할 필요가 있다.

대자사크는 물의 소중함을 누차 역설한다. '물에 손을 담가서는 안된다, 물을 쓸 땐 반드시 그릇에 담아야 한다'(제14조). '옷이 완전히 너덜너덜해지기 전에 빨래를 해서는 안된다'(제15조). 다른 사람을 생각하지 않고서 도모하는 한 사람만의 깨끗함은 범죄라고 규정한 것이다. 제11조는 모든 종교를 차별 없이 존중하라고 말한다. 하지만 이슬람 교도들이 물을 써서 세례하는 것만은 금지한다. 앞서 언급한, 강추위를 몰고 오는 가뭄 '강' 과 '쪼드' 를 기억한다면 충분히 이해될 것이다. 물과 불씨는 유목민 생존에 결정적 역할을 했다. 갈증을 해소할 길 없는 건조 기후와 피할 수 없는 혹한의 대지는 그들이 물과 불을 가장 소중하고 신성하게 여기도록 만들었다.

대자사크

— 전투 관련 조항(軍律)

제6조 구금자의 허락 없이 피구금자에게 음식물이나 의복을 준 자는 사형에 처한다.

제9조 전투중 앞사람이 무기를 놓쳤을 때에는 뒤따르던 사람이 반드시 주워서 주인에게 돌려주어야 한다. 만일 그 무기를 반환하지 않고 가질 때에는 사형에 처한다.

제18조 전쟁에 나설 때 장수는 부하들의 군장을 바늘과 실에 이르기까지 철저히 검사해야 한다.

제19조 종군하는 부녀자는 남편이 싸움에서 물러났을 때에는 남편을 대신하여 의무를 다해야 한다.

제20조 전쟁이 끝나 개선하면 병사들은 소속 천호장을 위해 책무를 다해야 한다.

제21조 모든 부족민들은 매년 초에 모든 딸을 술탄에게 내놓아야 한다. 술탄은 그 중에서 자신의 아내와 자식의 처를 고를 수 있다(이 조항은 이슬람의 습속을 기술한 것으로 칭기스칸의 〈대자사크〉와는 거리가 있다).

제22조 천호장·백호장·십호장은 각각 부족민을 지휘할 수 있다.

제23조 천호장·백호장 등은 대칸이 보내는 사신이 비록 나이가 어려도 정중하게 맞이해야 하며, 설사 그 명령이 사형이라도 그 앞에 엎드려 형의 집행을 받아야 한다.

제24조 자신이 속한 십호장·백호장·천호장 외에는 누구도 섬겨서는 안 된다.

제25조 전쟁 징후를 미리 알기 위해서 상설 역전(驛傳)을 설치해야 한다.

제27조 전투에 태만한 병사와 사냥중 짐승을 놓친 자는 태형(笞刑) 내지 사형에 처한다.

제32조 음식을 먹고 질식한 사람은 겔 밖으로 끌어내 바로 죽여야 한다. 그리고 사령관의 군영(軍營) 문턱을 함부로 넘어온 자는 사형으로 다스린다(학자들은 이 조항의 처음 부분은 뭔가 오해나 문장의 탈락이 있는 것 같다고 지적한다).

– 재산 관련 조항(經濟)

제5조 물건을 사고 세 번 갚지 않거나 세 번 무르는 자는 사형에 처

한다.

제28조 사람을 죽인 사람도 몸값을 내면 죄를 면제한다. 이슬람교
　　　도를 죽이면 40발리쉬를 내야 하고, 한족(南宋人)을 죽이면
　　　당나귀 한 마리만 내도 죄를 면제해야 한다.

제29조 말을 훔친 자는 한 마리당 아홉 마리를 변상해야 한다. 변상
　　　할 말이 없으면 아들을 내주어야 한다. 아들도 없으면 양처
　　　럼 본인이 도살될 것이다.

- **집단 생활에 관한 조항(社會)**

제1조 간통한 자는 사형에 처한다.

제3조 거짓말을 한 자, 다른 사람의 행동을 몰래 훔쳐본 자, 마술을
　　　부리는 자, 남의 싸움에 개입해 한쪽을 편드는 자는 사형에
　　　처한다.

제11조 모든 종교를 차별 없이 존중해야 한다.

제12조 음식을 제공하는 사람은 먼저 그 음식에 독이 없는지 먹어
　　　보인 다음에 다른 사람에게 권할 수 있다. 음식을 얻어먹는
　　　사람 역시 음식에 독이 있는가 알아보지 않고 먹어서는 안
　　　된다. 그리고 음식을 동료보다 더 많이 먹어서도 안 되고 음
　　　식 상을 넘어가서도 안 된다.

제13조 음식을 먹고 있는 사람의 옆을 지나가는 손님은 말에서 내
　　　려 주인의 허락을 받지 않고도 그 음식물을 먹을 수 있다.
　　　주인은 그것을 거부해서는 안 된다.

제17조 다른 사람에 대해 좋고 나쁨을 말하지 말고, 호언장담하지
　　　말라. 그리고 누구든 경칭을 쓰지 말고 이름을 불러라. 천호
　　　장이나 칸을 부를 때에도 마찬가지다.

제30조 절도, 거짓말, 간통을 금한다. 이웃을 자신처럼 사랑하라.

제31조 서로 사랑하라. 간통하지 말라. 도둑질하지 말라. 위증하지 말라. 모반하지 말라. 노인과 가난한 사람을 돌봐주어라. 이 명령을 지키지 않으면 사형에 처한다.

제33조 만약 술을 끊을 수 없으면 한 달에 세 번만 마셔라. 그 이상 마시면 처벌하라. 한 달에 두 번 마신다면 참 좋고, 한 번만 마신다면 더 좋다. 안 마신다면 정말 좋겠지만 그런 사람이 어디 있으랴.

제34조 첩이 낳은 아들도 똑같이 상속받아야 한다. 연장자는 연소자보다 재산을 많이 받고, 막내는 겔과 가재 도구 일체를 상속받는다.

제35조 아버지가 사망하면 아들은 생모(生母)를 제외한 모든 처첩(妻妾)을 임의로 처리할 수 있는데, 결혼해도 좋고 다른 사람에게 시집을 보내도 좋다.

제36조 상속자 외의 사람은 죽은 자의 물건을 쓰지 말라.

― 유목 관습에 대한 조항(傳統 價値)

제2조 수간(獸姦)을 한 자는 사형에 처한다.

제4조 물과 재에 오줌을 눈 자는 사형에 처한다.

제8조 짐승을 잡을 때에는 먼저 사지(四肢)를 묶고 배를 가르며 짐승이 고통스럽지 않게 죽도록 심장을 단단히 쥐어야 한다. 이슬람교도처럼 짐승을 함부로 도살하는 자는 그같이 도살당할 것이다.

제14조 물에 직접 손을 담가서는 안 된다. 물을 쓸 때는 반드시 그릇에 담아야 한다.

제15조 옷이 완전히 너덜너덜해지기 전에 빨래를 해서는 안 된다.

제16조 만물은 모두 청정(清淨)하다. 부정한 것은 없으므로 정(淨)과 부정(不淨)을 구분해서는 안 된다.

- 기타 조항

제10조 알리 베크와 아부 탈레브의 자손에게 세세손손 조세와 부역을 면제한다. 그밖에 승려, 사법관, 의사, 학자에게 조세를 받거나 부역을 시켜서는 안 된다.

제26조 내 아들 차가타이는 〈대자사크〉가 지켜지는지 감시하라.

대사자크와 함께 제국 경영의 규범이 되었던 것이 칭기스칸의 격언이라고 일컫는 빌리크이다. 학자들은 지금까지 30개 조항을 찾아 정리해 놓았는데 그 내용은 다음과 같다.

칭기스칸의 빌리크(격언)

제1조 명분이 있어야 확고하게 지배한다.

제2조 〈대자사크〉를 지키지 않으면 우리 나라가 망한다. 그때 가서나 칭기스칸을 불러도 소용이 없다.

제3조 모든 만호장·천호장·백호장은 연초와 연말에 나한테 와서 훈시를 듣고 가야 지휘하는 데 지장이 없다. 자기 겔에 들어앉아 내 말을 듣지 않은 자는 물에 빠진 돌처럼, 갈대밭에 떨어진 화살처럼 없어질 것이다.

제4조 천호장은 천호를, 만호장은 만호를 다스릴 수 있다.

제5조 몸을 깨끗이 하듯이 각자의 영지에서 도둑을 없애야 한다.

제6조 자격이 없는 십호장·백호장·천호장은 그 안에서 갈아치워
야 한다.

제7조 어른 세 명이 옳다고 하면 옳은 것이고, 그렇지 않으면 틀린
것이다.

제8조 윗사람이 말하기 전에 입을 열지 말라. 자신과 다른 말을 들
으면 자신의 의견과 잘 비교하라.

제9조 살이 쪄도 잘 달리고, 적당히 살이 올라도 잘 달리고, 여위어
도 잘 달리면 좋은 말이다.

제10조 신(천지신명)께 열심히 기도하여 전쟁에서 명예를 빛내야
한다.

제11조 평소에는 입다문 송아지가 되고, 전쟁터에서는 굶주린 매가
되어야 한다.

제12조 진실한 말(言)은 사람을 움직인다. 노닥거리는 말은 힘이
없다.

제13조　자신을 알아야 남을 알 수 있다.

제14조 남편은 태양처럼 언제나 같이 있을 수 없다. 아내는 남편이
사냥을 가거나 전쟁에 나가도 집안을 잘 꾸리고 깨끗이 해
야 한다. 또한 남편을 높이 받들어 험준한 산처럼 우뚝 높여
야 한다.

제15조 일을 성사시키려면 세심해야 한다.

제16조 사냥에 나가면 짐승을 많이 잡아야 하고, 전쟁에 나가면 사
람을 많이 죽여야 한다.

제17조 예순 베이는 참 훌륭한 용사다. 아무리 오래 싸워도 지치지
않고 피로한 줄 모른다. 그래서 그는 모든 병사들이 자기 같
은 줄 알고 성을 낸다. 그런 사람은 지휘자가 될 수 없다.

군대를 통솔하려면 병사들과 똑같이 갈증을 느끼고, 똑같이 허기를 느끼며, 똑같이 피곤해야 한다.

제18조 상인들이 이익을 얻기 위해 물건을 잘 고르고 값을 잘 매기는 것처럼, 자식을 잘 가르치고 훈련시켜야 한다.

제19조 내가 죽고 나서 내 자손들이 비단옷을 걸치고, 맛있는 음식과 안주를 먹고, 좋은 말을 타고, 미녀를 품에 안고서도 그것을 갖다 준 이가 그 아버지와 형임을 말하지 않거나 나 칭기스칸의 위대한 업적을 잊어서는 안 된다.

제20조 만약 술을 끊을 수 없으면 한 달에 세 번만 마셔라. 그 이상 마시면 처벌하라. 한 달에 두 번 마신다면 참 좋고 한 번만 마신다면 더 좋다. 안 마신다면 정말 좋겠지만 그런 사람이 어디 있으랴.

제21조 오, 신이여! 나는 암바카이칸을 무참하게 살해한 금나라에 복수해야 합니다. 그들의 피를 보려 하니 저에게 힘을 주소서. 신이여! 모든 사람들과 정령들, 요정들, 천사들에게 명령하여 저에게 힘을 주도록 해주소서!

제22조 내 병사들은 밀림처럼 떠오르고, 병사들의 처와 딸들은 붉은 꽃잎처럼 빛나야 한다. 내가 해야 할 일은, 내가 무엇을 하든 그 모든 목적은 바로 그들의 입에 달콤한 설탕과 맛있는 음식을 물게 하고, 가슴과 어깨에 비단옷을 늘어뜨리며, 좋은 말을 타게 하고, 그 말들을 달콤한 강가에서 맑은 물과 싱싱한 풀을 마음껏 뜯도록 하며, 그들이 지나가는 길에 그루터기 하나 없이 깨끗이 청소하고, 그들의 겔에 근심과 고뇌의 씨앗이 들어가지 못하도록 막는 것이다.

제23조 〈대자사크〉를 어기면 먼저 말로 훈계하라. 그래도 세 번 어기면 멀리 발조나(1203년, 칭기스칸의 너커르, 즉 맹우들이 서약을

했던 곳) 계곡으로 보내어 반성하게 하라. 그래도 고치지 않으면 쇠사슬로 묶어 감옥에 보내라. 그러고 나서 반성하면 다행이지만 그렇지 않으면 친족을 모아 처리를 논의하라.

제24조 내 명령을 받으면 한밤중이라도 지체없이 말을 달려야 한다.

제25조 오난강과 켈루렌강 사이의 발조나 계곡에서 태어난 사람은 남자라면 영웅적으로 씩씩하게 자랄 것이며, 여자라면 장식을 하지 않아도 예쁠 것이다.

제26조 (칭기스칸이 말하기를) 모칼리는 칭기스칸에게 보냈던 사신이 돌아오자 뭐라고 하더냐고 물었다. 사신은 칭기스칸이 엄지손가락을 구부렸다고 대답했다. 그러자 모칼리는 내가 죽음으로써 대칸을 모신 게 헛되지 않았구나 하고 말했다. 그러면서 또 누구한테 엄지손가락을 구부리더냐고 물으니 사신은 너커르들의 이름을 대었다. 모칼리는 그들은 나의 앞뒤에서 용감하게 싸웠으니 마땅하다고 말했다고 했다.

제27조 발라 칼자가 묻기를 나에게 무슨 능력이 있어 대칸이 됐느냐고 했다. 나는 칸이 되기 훨씬 오래 전에 적병 여섯 명을 혼자서 대적한 적이 있다. 그놈들이 내게 화살을 비 오듯이 퍼부었지만 나는 한 대도 맞지 않고 놈들을 모두 무찔렀다. 그리고 나는 상처 하나 없이 그들이 탔던 말 여섯 마리를 몰고 돌아왔다.

제28조 나는 산꼭대기에서 매복병 20명을 만나 싸운 적이 있다. 그때 나는 뺨에 화살 한 대를 맞았다. 그런데 젤메가 입으로 내 뺨의 독을 빨아내고, 물을 데워 상처를 씻어주고, 적진에서 말젖술을 구해다가 마른 입을 축여주어 나를 살아나게 했다. 이후 내가 다시 적을 공격하자 적들은 산꼭대기로 기어 올라가 다 몸을 던져 죽었다.

   CEO 칭기스칸

제29조 어느 날 자고 일어나 거울을 보니 새치가 눈에 띄었다. 누가 어떻게 된 일이냐고 물었다. 그래서 나는 전능하신 신이 성공의 깃발을 높이 올리려 하심이다.그래서 윗사람의 표시인 회색의 상징을 내게 주셨도다라고 말했다.

제30조 쾌락이란, 배신자와 적을 모두 죽이고, 그들의 재산을 약탈하며, 그들의 종과 백성들이 소리 높여 울게 해 그들의 얼굴을 눈물과 콧물로 얼룩지게 하고, 그들이 타던 말을 타며, 그들의 처첩과 딸의 배와 배꼽을 침대나 이부자리로 삼아 깔고 누워, 그 붉은 입술을 빠는 데 있다.

대자사크나 빌리크는 일반인들의 삶이나 사회의 안정에 관한 사항을 많이 담고 있다. 이 점은 칭기스칸이 한 집단의 관리자로서 얼마나 뛰어난 자질을 갖추고 있었나를 말해준다. 하지만 여기서 가장 눈여겨 볼 것은 그가 '인치'가 아닌 '법치'를 시행하겠다는 의지가 강했다는 점이다. 어느 사회나 기업이든 법에 따른 통치와 경영은 핵심적인 사안이다.

법치경영, 윤리경영은 최근 미국의 회계부정 사건을 계기로 세계적인 경영 화두로 떠올랐다. 미국 경제의 황금기였던 90년대의 화두가 '스톡옵션'이었다면, 2000년대의 화두는 단연 '윤리경영'이다.

국내에서도 이런 분위기에 따라 사규(社規) 외에 별도의 '윤리헌장'을 만들어 실천하는 회사들도 속속 생겨나고 있다. 2002년 8월 전경련 조사에 따르면 기업의 윤리헌장 제정, 실천 비율은 49.7%로 지난 99년 21.8%, 2001년 45.2%에 이어 지속적으로 상승 추세를 보이고 있다. 특히 30대 기업집단(2001년 기준) 소속 대기업의 경우(80개 기업 응답) 2001년 69.4%에 비해 크게 높아져 76.3%가 윤리헌장을 보유하고 있는 것으로 나타나 기업규모가 클수록 윤리경영에 신경을 쓰고 있음을 보여준다.

최근 '윤리경영'은 기업의 법적·경제적 책임 수행은 물론이고 사회통념적으로 기대되는 윤리적 책임의 수행까지도 기업 의무로 인정하여 적극적이고 주체적인 자세로 이를 수행하는 의미로 확대됐다.

회계부정 사건으로 몸살을 앓는 미국에서는 '윤리경영'을 학생때부터 가르쳐야 한다는 여론에 따라 '윤리경영' 강의를 도입하는 경영대학이 늘고 있다. 미국 최대 비즈니스스쿨인 뉴욕의 버룩칼리지는 내년부터 경영윤리를 필수과목으로 만드는 작업을 하고 있으며, 슬로안스쿨(스탠퍼드대)은 MBA과정 수강생들이 정규과정을 시작하기 전 미리 윤리교육을 받도록 하고 있다. 하버드비즈니스스쿨이나 와튼스쿨(펜실베이니아대)은 이미 학생들에게 윤리과목 수강을 요구하고 있다. 이 모두는 미래의 경영자에게 법치의 원리를 세우기 위한 것이다.

칭기스칸의 제국 경영

제국을 통치하기 위해 칭기스칸은 대자사크 외에도 수많은 제도 개혁에 나선다. 그 중 하나가 개인의 능력을 최대화시킬 수 있는 사회 행정조직 천호제(千戶制)이다. 천호제를 통해 몽골인들은 노예도 능력이 있으면 리더가 될 수 있게 되었다.

당시 몽골 사회는 씨족 단위로 편제된 봉건사회였다. 김씨는 김씨끼리, 이씨는 이씨끼리 살았다. 칭기스칸은 씨족사회를 10진법으로 와해했다. 씨족과 관계 없이 가까운 10가구가 모여 살고, 다시 100가구, 1,000가구, 1만 가구 단위로 모여 살게 했다. 지연과 혈연, 학연은 무시됐다. 각 단위 조직의 리더, 즉 십호장, 백호장, 천호장은 조직원들 스스로 뽑도록 했다. 그리고 리더의 능력이 부족하면 조직원들 스스로 결정해 교체할 수 있게 했다.

천호제는 칭기스칸 권력의 핵심이었다. 신질서의 상징인 너커르 집단을 양성하고 입지를 강화하려는 거대한 국가 개혁조치였다. 칭기스칸 자신의 너커르 집단을 키우려면 구시대, 구질서의 근간인 봉건씨족제부터 해체해야 했다.

칭기스칸은 새로운 국가 시스템이 침체되는 걸 극도로 경계했다. 칭기스칸의 빌리크 제6조에 "자격이 없는 십호장, 백호장, 천호장은 그 안에서 갈아치워야 한다"고 명시한 것도 그 때문이다. 새 시스템에서 천호장에 올라선 사람은 사회의 기둥이 됐다. 그 중엔 노예 출신도 있었다고 한다. 모두가 능력을 마음껏 발휘할 수 있는 사회가 된 것이다.

천호제는 군대 조직에서부터 혁명을 몰고 왔다. 천호제를 기반으로 조직한 군대는 그 자체가 사회이자 국가였다. 군사조직 개편을 넘어 국민을 하나로 묶는 정치, 군사, 사회의 종합 통치 시스템이자 총력 동원체제였다. 기득권 세력이던 씨족장과 부족장들 사이에선 원성이 자자했다. 반면 일반 백성과 병사들은 대환영이었다.

천호제는 경제 형태에도 큰 변화를 불러 온다. 그때까지 몽골인들은 쿠리엔식 집단 유목 방식으로 목축을 하고 있었다. 적의 공격에 공동 대처하기 위해 수백 가구씩 한 단위로 방목을 하는 방식이다. 유목민 답지 않게 너무 많이 모여있다 보니 생산성이 떨어졌지만, 다른 씨족이나 도둑들의 약탈이 두려워 어쩔 수 없었다.

천호제가 도입되자 유목민들은 생산성을 극대화할 수 있는 아일식 유목을 하게 됐다. 주변 초지 상황에 따라 이동하는 방식으로, 지금까지 몽골에 이어 온다. 한 아일은 보통 2~5개 겔로 구성된다. 이렇게 되면 한 가구가 가축을 방목할 수 있는 면적이 훨씬 넓어진다. 적이 공격해 오면 천호 조직을 가동해 방어했다. 천호제 실시로 몽골인들의 삶은 뿌리부터 달라졌다.

칭기스칸은 앞서 언급했듯 케식텐이라는 교육제도도 만들었다. 천호제가 하드웨어 개혁이라면 케식텐은 소프트웨어 개혁이었다. 엘리트들을 모아 전투를 비롯한 각 분야에 걸쳐 전문교육을 시켰다. 교육 대상은 십호장·백호장·천호장, 그리고 정복지 유력자의 자식들이었다.

케식텐 안에서는 구성원마다 최고 지휘관부터 의사, 취사병에 이르기까지 다양한 역할을 나눠 맡았다. 하지만 전장에 나서면 모두 지휘관이 됐다. 몽골제국은 케식텐을 통해 전투에 필요한 프로페셔널 킬러들을 양성할 수 있었다. 아울러 변화하는 사회에 맞춰 시스템을 운용할 인재들도 키웠다. 지금까지 케식텐의 직제는 16개가 알려져 있다. 호위병과 통역관에서부터 매를 기르는 사람, 종마를 관리하는 사람, 요리사, 술을 배급하는 사람, 악기를 연주하는 사람에 이르기까지 다양했다.

천호제와 케식텐이라는 새로운 사회 조직은 사회 전체에 활력을 불어 넣었다. 그것이 개인의 창의성을 극대화할 수 있는 제도였기 때문이다.

칭기스칸 제국의 성격 중 또 하나의 핵심은 합의제 사회였다는 것이다.

마르코 폴로의 『동방견문록』은 칸의 천막(겔)이 거대한 도시와 같았다고 기록하고 있다. 천막 한 가운데에 칸이 앉았고, 옆으로 참모와 아내들까지 함께 자리해 손님을 맞았다고 한다. 이는 칭기스칸에게 '독대(獨對)'가 없었음을 말한다. 독대가 없는 사회는 야합이 없다. 칭기스칸은 모든 문제를 독단 아닌 합의에 따라 처리했고, 이를 제도화했다. 특히 전쟁이나 후계구도 같은 중대 정책은 유력 지도자 회의에서 통과된 뒤에야 집행했다. 이 회의가 코릴타다. 신라 화백제, 고구려 합좌제, 백제 정사암과 비슷하고, 지금으로 치면 제국의회라 할 수 있다.

코릴타에는 국가 원로와 칭기스칸 가문인 이른바 '황금씨족', 그리고 천호장들이 구성원으로 참여한다. 이들은 몇 달 동안씩

직제 호칭	역할
코르치(火兒赤)	궁시(弓矢)를 찬 호위
올도치(云都赤)	칼을 찬 호위
시바오치(昔寶赤)	매를 관리하는 자
자를릭치(札里赤)	성지(聖旨)를 전사(轉寫)하는 자
비칙치(必赤)	서기
바오르치(博爾赤)	요리사
커덜치(闊端赤)	종마 관리자
발라가치(八刺哈赤)	성문을 지키는 자
다라치(荅剌赤)	술을 배급하는 자
올라치(兀剌赤)	차마(車馬)를 관리하는 자
수쿠르치(速古兒赤)	의복을 세탁하고 관리하는 자
켈레메치(怯里馬赤)	통역 담당자
테메게치(帖麥赤)	낙타 관리자
코니치(火赤)	양을 관리하는 자
콜라가치(忽刺罕赤)	도둑을 잡는 자
호르치(虎兒赤)	음악을 연주하는 자

● 지금까지 알려진 케식텐의 직제

 CEO 칭기스칸

모여 회의를 했다. 코릴타의 결정이 얼마나 중요한지는 칭기스칸이 사망한 뒤 곧바로 증명된다. 칭기스칸은 죽기 직전 셋째 아들 어거데이를 후계자로 지명한다. 그는 아들들에 대해 다음과 같은 평가를 남기고 있다.

> 차가타이(차남)는 군대를 아끼지만 교만하고 호전적이다. 톨로이(4남)는 훌륭한 전사지만 인색하고 잔인하다. 어거데이(3남)는 어릴 때부터 남에게 잘 베풀고 도량이 넓다. 누구든 부귀를 찾으려면 어거데이에게 가라.

칭기스칸은 아들들의 시대가 전쟁 아닌 제국 경영의 시대가 되리라 예상했다. 그런 시대에선 지도자가 덕을 갖추는 게 중요하다고 봤다. 그래서 어거데이를 후계자로 지명하고 죽었다. 하지만 어거데이가 칸에 즉위하기까지는 2년 반이나 걸렸다. 코릴타에서 합의가 이뤄지지 않았기 때문이다. 어거데이칸이 사망한 뒤 제국의 3대 칸인 구육칸은 무려 5년에 걸친 코릴타를 거쳐 칸이 된다. 이 또한 코릴타 구성원 전원의 합의와 동의가 이뤄지지 않아서였다. 지도자라고 함부로 지명하거나 박수부대를 동원해 되는 게 아니었다. 그 성원체나 조직원들 모두가 자기에게 장미빛 미래를 가져다 줄 사람인가, 지도자로서 능력이 있는 사람인가를 설득하고 납득될 때까지 기다렸다.

여기서 또 하나 놀라운 사실을 본다. 칸이 없는 상황이 2년, 5년씩 이어지는데도 제국은 분열되기는커녕 더 발전했다. 모든 제도도 정상적으로 운영됐다. 끊임 없이 전쟁을 치르는 국가가 최고 지도자를 두지 않아 권력 공백이 지속됐다니. 몽골 유목제국의 시스템이 얼마나 단단한지 미루어 알 수 있다. 이는 몽골제국이 인치국가가 아니라 법치국가, 시스템국가였음을 뜻한다.

칭기스칸 제국에는 정보와 기동성을 상징하는 역참제가 있었다. 이는 제국 곳곳을 이어주는 도로이자 실핏줄이라고 할 수 있다.

오늘 우리에게 컴퓨터와 인터넷은 생활 일부를 넘어 거의 전부랄 만큼 큰 비중을 차지하고 있다. 인간 소통 욕구와 정보욕은 그만큼 대단하다. 자기 바깥과 소통하고자 하는 욕구는 과거라 해서 크게 다르지 않았을 것이다.

컴퓨터도 없고 전기도 전화도 기계도 없는 상황에서 정보 전달과 소통의 초보적 기능이라도 감당하려면 어떻게 해야 했을까. 해답은 말(馬)이다. 당시 몽골 유목민들은 말을 통한 정보 전달시스템을 구축한다. '800년 전 인터넷' 이라 할 역참제다.

역참제는 지금으로 치면 정보 인프라이자, 물류 시스템이며, 군사 고속도로라 할 수 있다. 역참의 형태는 촘촘한 거미줄 모양 그물을 연상하면 된다. 수도를 중심으로 각 지방으로 뻗어나가는 주요 도로에 40~50킬로미터마다 역참이 설치됐다. 일종의 말 정거장이다. 그리고 그 사이 5킬로미터마다에 칸의 소식을 전달하는 파발이 살았다. 파발들은 방울을 울리며 전속력으로 질주했다. 5킬로미터만 내달려, 만반의 채비를 갖추고 기다리는 다른 파발에게 서장(書狀)을 건넸다. 이리 하면 한 달 걸릴 지방의 보고라도 1주일이면 전달된다.

역참망을 달린 것은 파발들만이 아니었다. 군대나 외교관도 역참을 따라 이동했다. 물자까지 달리는 수송로이기도 했다. 마르코 폴로가 원(元) 나라의 수도인 대도(지금의 북경)를 카르피니 수도사가 칭기스칸 제국의 수도 카라코롬을 들락거릴 수 있었던 것도 완벽하게 갖춰진 역참제 덕택이었다.

역참제는 인터넷 정보 전달방식인 프로토콜(protocol) 방식이다. 반(反)중앙집중적 정보전달 체제이며, 릴레이 방식을 써서 최종 전달자가 이동 가능한 시스템이다. 역참망을 지도에 표시한다면 세계 지도가 새카맣게 될 만큼 이 시스템은 정교했다. 제1차 인터넷 개념이라 부를 수 있다.

아날로그 방식을 쓰는 전화의 정보 전달을 생각해 보자. 20세기 정보통신문명의 총아였던 전화는 중앙집중제적 마인드의 전형이었다. 전화는 네트워크 체제 중심에 있는 교환원이나 자동교환기를 통해 전화를 건 사람과 받을 사람이 연결되는 방식이다. 시스템의 모든 단말기(전화기)도 중앙에 집중돼 있다. 단말기는 단지 상대방을 골라 통화하는 능력밖에 없다. 그래서 부하가 중앙에 편중되는 구조다. 이 때문에 전화회사는 엄청난 설비 투자가 필요한 거대기업이 될 수밖에 없었고 많은 나라가 이를 국영으로 운영하게 됐다.

그러나 역참제는 프로토콜 방식, 이른바 릴레이 전달 방식이다. 정보를 말에 싣고 달리는 전달자는, 최종 전달지가 1만 킬로미터 떨어져 있다 해도, 다음 역까지만 전달하면 그만이다. 그래서 각 전달자는 전속력으로 달릴 수 있다. 수 천 개 역이 점점이 흩어져 있어서 가장 빠른 길을 찾아 전달 경로를 바꿀 수도 있다. 최종 수신자가 이동중일 땐 그 전달경로 역시 이동한다. 반면 전화는 정보를 보내는 출발단계에서 이미 그 전달경로가 직선으로 고정된다. 전화는 최종 수신자가 자리를 비우면 전달에 실패한다. 부재중을 알리는 메시지만 남아 있을 뿐이다.

프로토콜 방식은 발신자가 보내는 정보를 꾸러미라고 부르는 작은 단위로 나눠 보낸다. 그러니 기동성이 빼어나다. 소포에 비유하자면 부랴부랴 주소를 적어 이웃집에 넘겨 릴레이를 부탁하는 식이다. 그래서 역참제와 인터넷 프로토콜 방식은 전쟁으로 통신망이 끊겨 전체를 관리하지 못하더라도 남은 네트워크(역참)만으로도 정보를 전할 수 있다는 공통점이 있다.

전화는 중심(중앙교환기)이 파괴되면 어떤 정보도 상호 전달할 수 없다. 반면 릴레이는 끝에서 끝까지 직선으로 한 번에 달려가는 방식이 아니어서 통신비용을 획기적으로 떨어뜨린다. 한국에서 네덜란드의 어떤 인터넷 홈페이지로 가는 길을 보자. 한국의 한 개인 컴퓨터에서 어떤 포탈 사이트로, 다시 이것이 미국의 어떤 사이트로 연결되고, 이는 다시 유럽의 몇 개 징검다리 사이트를 건너 목적지까지 연결된다.

이는 무엇을 의미하는가. 우선 기업과 사회, 가정과 국가에서 정보의 반(反)중앙집중적 네트워크방식이 가져올 엄청난 이익을 시사한다. 이를테면, 전화와 같은 중앙집중적 네크워크 시대의 기업 경영에서라면 모든 사내 정보가 중앙의 최고 경영자에게만 집중된다. 그리고 중앙의 최고 경영자에 의해서만 아래로 전달된다.

반면, 역참제와 프로토콜 마인드의 기업 경영에서는 내부 정보가 부서별 체제에 따라 한 가지 루트로만 전달되는 게 아니라

(한 가지 루트로만 전달될 경우 중간 간부가 자리를 비우면 정보 전달은 그 중간 지점에서 정지된다) 매우 다양한 루트(역참들)를 통해 전달된다. 이때 정보가 전달되는 루트에 최고경영자가 개입해 다른 방향의 수신자를 지정할 수도 있다. 그렇게 해서 최고경영자에게만 하중이 집중되는 걸 피할 수 있다. 물론 업무 추진 속도도 높일 수 있다.

고인 물은 썩고,
흐르는 물은 쌓이지 않는다

제국 성립 후 170여 년, 칭기스칸 사후 150여 년만에 몽골제국은 몰락했다.

그러나 일반 국가의 흥망성쇠를 논할 때 쓰는 말뜻 그대로의 멸망은 아니었다. 일단 칭기스칸의 나라는 멸망한 적이 없다. 요(遼), 금(金), 남송(南宋)과 달리 원제국이 쇠퇴한 뒤에도 왕조 자체는 사라지지 않았다. 굳이 말한다면 그들은 점령지 중원에서 물러나 카라코룸으로 철수했을 뿐이다. 그들이 출발했던 곳, 양 치고 말 기르던 고향으로 돌아갔다. 그들은 지금까지도 줄곧 국가를 유지하고 있다.

몽골제국은 많은 후계 국가들도 남겼다. 대표적인 것이 무굴제국이다. 무굴은 힌두어로 몽골을 뜻한다. 타지마할 궁전도 몽골인들이 세웠다. 무굴제국은 1562년 유목민인 티무르의 손자 바베르가 인도에 세운 나라로, 1858년까지 계속됐다. 오스만 투르크제국 또한 몽골의 제국 성격을 이어 받은 후계국가로 꼽힌다. 킵차크칸국의 한 갈래인 크림칸국은 1783년까지 계속됐다.

원(元)을 몰아내고 명(明)을 세운 주원장 측에서 보면 그가 몽골을 패망시켰다 할 수 있다. 하지만 크게 보아 한족은 자기네 땅을 수복한 것일 뿐이다. 요즘 기업에 비유하면, 다국적 기업이 실적 부진한 현지 경영을 일시 중단한 것이나 마찬가지다. 실제로 고원으로 철수한 몽골인들은 명이 들어선 뒤에도 여러 차례 만리장성을 넘나들며 명군을 괴롭혔다.

그러나 몽골제국은 퇴각한 뒤 다시는 세계사 무대에 복귀하지 못했다. 학자들은 그 이유와 배경을 다양하게 든다.

몽골제국이 쇠퇴한 결정적 이유 가운데 하나는 소모적인 후계자 경쟁이었다. 유목 기마민족은 예외 없이 여러 부족의 연맹체였다. 권력 중심부가 흔들리면 해체 속도도 빠를 수밖에 없었다. 원나라를 비롯한 몽골 칸국들 역시 계승 분쟁에 휘말려 들었고, 이는 결국 제국을 분열시키는 치명적 결과를 낳았다.

테크노 헤게모니의 상실도 한 이유가 됐다. 여기서 총(銃) 얘기를 꺼내지 않을 수 없다. 요즘 칼과 총 가운데 어느 쪽이 더 강력한 무기인가 묻는다면 바보 취급을 받을 것이다. 그러나 중세라면 사정은 달라진다. 그 옛날 총은 칼을 능가하지 못했다. 그것은 불편하고 시끄럽고 무거운 무기였다. 머스킷(musket)이 그랬다.

머스킷이란 정확한 개념어는 아니지만 대체로 구식 소총을 가리킨다. 지금처럼 탄피와 탄두가 결합된 실탄을 총구 후방으로 장전하는 게 아니라, 총구를 통해 화약 가루와 납구슬 탄환을 쑤셔 넣고, 총구 후방의 점화 화약접시에 불을 붙여 총탄을 발사한다.

머스킷의 기원은 대포다. 인간은 대포를 먼저 발명했고, 이를 좀 더 줄여 손에 들고 쏠 수 있게 만든 게 총이다. 쇠로 만든 통에 화약과 동그란 탄환을 밀어 넣고 불을 붙여 발사하는 대포 방식을 그대로 총에 적용했다. 모양도 총이라기보다 휴대용 축소판 대포에 가까웠다. 그래서 핸드 캐넌, 즉 손 대포라고도 불렸다.

머스킷은 이 핸드 캐넌이 진화하고 진화한 끝에 16세기쯤 등장했다. 초기 형태는 불을 붙여 심지를 화약접시에 닿게 해 발사하는 화승총이었다. 화약과 총알을 총구 쪽으로부터 장전한 뒤 심지에 불을 붙여야 한다. 방아쇠를 당기면 불 붙은 심지가 총구 후방의 화약 접시로 내려가 닿으면서 점화용 화약을 터뜨린다. 그리고 순식간에 총열 후방 안쪽에 쑤셔 뒀던 추진용 화약이 터지면서 탄환이 발사된다.

그러나 화승총은 현대식 총과 비교해 보면 사용하기가 너무 불편했고, 성능도 보잘 것 없었다. 150센티미터나 되는 긴 총신 끝에 화약과 탄환을 넣고 불을 붙여 발사하는 복잡한 사용법 탓에 2분에 한 발 쏘기가 고작이었다. 그나마 비라도 오면 심지가 물에 젖어 제대로 발사할 수 없었다.

머스킷이 얼마나 실용적이지 못했는지 보여 주는 사례가 알렉상드르 뒤마 소설 『삼총사』에 나온다. 원제 『Three Musketeers』가 바로 세 명의 머스킷 소총수라는 뜻이다. 그러나 소설 어디서도 삼총사들이 머스킷을 들고 쏘는 모습은 찾아보기 힘들다. 영화 『삼총사』에서도 달타냥이 임금을 호위하는 정식 총사로 임명되는 마지막 대목에야 머스킷 총이 등장할 정도다. 이는 당시 총이 실용 무기라기보다는 공을 세운 사람에게 하사하는 일종의 상징물이었음을 보여준다. 대통령이 진급한 장군들에게 긴 칼 한 자루씩을 예도로 수여하는 것과 같다.

초기의 총이 이처럼 우스꽝스럽긴 했어도, 총의 발명이야말로 몽골제국의 퇴각을 알리는 신호탄이 됐다. 몽골 유목민이 세계를 정복한 무기는 말 탄 푸른 군대의 스피드, 기동성이었다. 그들은 날이 잘 선 칼과 멀리 날아가 깊숙이 꽂히는 화살 촉이라는 두 날개를 달고 문명 국가들을 정복했다. 그러나 머스킷이 출현하면서 유목 군대는 스피드를 놓쳐버렸다.

유럽인들은 이 신무기 덕분에 몽골의 속박에서 벗어날 수 있었다. 기동성의 근원인 말이 신무기의 총알에 맞아 고꾸라진 탓이 아니다. 말들은 처음 듣는 총소리에 놀라 겁을 집어 먹고는 병사들 지시에 따르지 않고 도망치거나 대오를 흐트러뜨렸다. 몽골 군대는 말들이 총소리에 놀라지 않도록 적응 훈련을 황급히 했지만, 머스킷의 개선 속도는 말의 적응 속도를 앞질렀다. 말로써 지배한 몽골제국은 총에 의해 역사 전면에서 밀려났다. 총포는 그 후 유럽에 테크노 헤게모니를 줬다. 총포는 유럽 제국주의가 동양과 아프리카를 유린하게 해준 결정적 신기술이었다.

정체성 상실도 몽골제국 멸망에 큰 원인으로 꼽힌다. 일본의 니케이 비즈니스가 펴낸 책 『기업의 수명은 30년이다』에는 일본 기업 100년 사에서 기업 평균 수명이 30년에 불과하다는 통계가 실려 있다. 창업자는 창업 당시 경제환경을 정확하고 예리하게 파악해서 회사를 설립한다. 하지만 시간이 흐르면서 변화하는 환경에 제대로 적응하지 못하기 때문에 결국 30년을 넘기지 못한다.

기업의 장수 비결은 창업 당시의 창업 정신을 잃지 않는 것이다. 위기가 닥칠 때마다, 시장이 변할 때마다 재창업 하듯 변화를 시도해야 한다. 그렇지 않으면 아무리 큰 회사라도, 아무리 단단한 기업이라도 살아날 길이 없다. 칭기스칸은 이렇게 경고했다.

내 자손들이 비단옷을 입고 벽돌집에 사는 날 내 제국이 망할 것이다.

그러나 몽골제국의 후대 지도자들은 끝내 이 충고를 되새기지 못했다. 소수인 몽골 사람들은 다수의 피정복민을 지배하기 위해 정착 지역에 생계 근거를 뒀다. 그 결과 그들의 존재 기반인 수렵과 유목성을 스스로 거세하고 현지에 동화돼 버렸다. 그것은 결국 정체성 상실로 이어졌다.

마지막으로 덜 중요한 이유는 조정 재정의 고갈이다. 몽골제국은 창업 초기부터 창업 공신들에게 엄청난 지분을 할당했다. 그러고도 예속민이나 대상(隊商)들에게 무한한 재산 축적을 허용하다 보니 막상 대칸은 대주주로서 지분을 잃어버렸다.

원나라 마지막 칸인 순제 토곤 테무르칸이 대도(북경)를 버리고 카라코룸으로 철수할 때 황실의 지분은 거의 남아 있지 않았다. 막강한 부의 근원이었던 운남의 은광 채굴권은 주원장을 비롯한 한족 반란군 손아귀로 떨어져 나갔다. 소금 전매권을 비롯해 황실이 쥐고 있던 권한마저 분산되기 시작했다. 지방 각 군-현의 세금은 제후들이 차지해 대칸의 몫까지 오지 않았다. 대기업 경영자인 원제국의 대칸은 대주주 지분을 잃고 소주주, 또는 경영권만 가진 상징적 존재로 전락했다.

고인 물은 썩는다. 그러나 흐르는 물은 쌓이지 않는다. 로마제국이나 중국 왕조가 무너진 이유를 설명하려면 '고인 물은 썩는다' 는 격언이 적합할 지 모른다. 그러나 유목국가의 멸망에는 다른 설명이 필요하다. 그들은 끊임 없이 이동해야 했기에 '쌓을' 여유가 없었다. 흐르는 물이 쌓이지 않듯. 축적이 되지 않으면 세월이 흘러도 남는 것이 없다. 전 유럽에, 전 지구에 산소를 공급하던 피톨들에게는 결국 아무 것도 남지 않았다. 군대도 각 제후와 토호들에게 분산돼 칸의 명령이 먹혀 들지 않았다. 설령 군대가 있다 해도 군량과 전비를 댈 수 없었으니 결론은 뻔했다. 고향 카라코룸으로 돌아가야 했다.

이렇게 해서 칭기스칸의 손자 쿠빌라이칸이 세운 원나라는 100여 년 만에 쇠퇴를 맞았다. 그 원인은 생각하기에 따라 앞서 지적한 것들보다 훨씬 많을 수도 있다. 하지만 그 다양한 이유들에서 하나의 공통점이 드러난다. 창업 정신인 유목 이동 마인드의 상실이다. 그것이 몽골제국의 쇠퇴를 부른 결정적 원인이다.

17

제국이 남긴 이름들

그리고 많은 세월이 흘렀다. 인류가 기억하는 어느 한 때, 전 지구인의 가슴에 메아리쳤던 유목민 리더의 이름은 잊혀졌다. 이제 어디에서도, 또 어떤 이유로도 거론되지 않을 것처럼 감쪽같이 사라졌다. 그러던 1995년, 미국 일간지 『워싱턴포스트』가 독특한 기획 기사를 내보내면서 다시 그의 이름을 거명한다. 아마도 저무는 20세기를 보면서 지난 날을 정리해보려는 기획이 이런 질문을 낳았을 것이다.

지난 1,000년(서기 1001년에서 2000년까지) 역사에서 가장 중요했던 인물은 누구인가.

이 뜬구름 잡는 질문에 자답하기 위해 『워싱턴포스트』는 역사의 궤도를 다음과 같이 추적했다.

1,000년 전 세계 인구는 3억 명쯤이었다. 문명은 극소수 지역에만 존재했다. 당시 인간은 자신들이 어디에 사는 지도 몰랐다. 유럽인이 만든 지도에는 흔히 유럽 동쪽으로 거인들의 땅이 그려져 있다. 그들에게 세계는 극도로 크고 신비스러우며 대부분 접근이 불가능한 곳이었다. 오늘의 세계를 보자. 그것은 조그맣다. 지난 1,000년 동안 지구가 축소된 것이다. 어째서 이런 일이 일어났는가. 이것이 우리가 지난 1,000년의 인물을 찾는 배경이다. 이 세계를 작게 만든, 인간과 기술이 지표면을 가로질러 이동하도록 만든, 그래서 전 지구에 인간이 지배력을 펼칠 수 있도록 만든 누군가를 찾는 작업이다.

여기에 맞는 인물은 과연 있는 것일까. 많은 독자들은 지난 1,000년 역사가 배출한 무궁무진한 영웅들을 헤아려 가며 흥미진진한 상상을 펼쳤을 것이다. 『워싱턴 포스트』의 작업도 그 일이 결코 간단치 않았음을 보여준다. 다각도로 검토한 끝에 그들의 눈길이 머문 이가 콜럼버스였다.

이 개념에 꼭 들어맞는 인물이 있다. 크리스터퍼 컬럼버스는 유럽과 아메리카 두 대륙을 연결시켰다. 컬럼버스는 아메리카 원주민에게 심각하고도 파괴적인 영향을 가져다 줬다. 각종 질병과 낯선 동식물이 대서양을 건너왔고, 야만적인 노예 무역이 시작됐다. 컬럼버스식 모험은 유럽이 세계를 식민지화할 수 있는 문을 열었다.

그러나 컬럼버스라는 이름은 곧 암초를 만난다. 그가 최초의 유럽인 탐험가가 아니었던 까닭이다.

컬럼버스는 단지 다른 사람들이 동쪽으로 떠날 때 서쪽으로 떠났을 뿐이다. 왜 그는 대양을 가로지르면 중(원나라)에 도착할 수 있다고 생각했을까. 지구 크기를 잘못 생각한 것 말고도 그는 이미 쿠빌라이칸의 궁전에 관해 엄청나게 묘사해 놓은 2세기 전 마르코 폴로 여행기를 읽었던 것이다.

그렇다. 컬럼버스가 항해에 나선 것은 마르코 폴로가 쓴 여행기 『동방견문록』이 있기 때문이었다. 마르코 폴로가 간 육로를 콜럼버스는 단지 바닷길로 가려 했을 뿐이었다. 스페인 이사벨라 여왕에게 배를 얻어 아메리카 대륙 일부를 발견했을 때 그는 그것을 동인도 제도라고 말했다. 그는 당시 유럽을 초라한 시골로 생각하는 엄청난 제국의 칸에게 줄 편지를 가지고 갔지만 전해주지 못했다. 그렇다면 지구를 좁힌 결정적 인물은 마르코 폴로였는가. 『워싱턴 포스트』 사람들은 다시 벽에 부딪친다.

만약 이슬람이 동서양 사이에 철의 장막을 치고 있었다면 마르코 폴로는 그런 여행을 할 수 없었을 것이다. 또 나침반이나 화약, 인쇄술 같은 중국 기술도 유럽에 들어올 수 없었을 것이다.

컬럼버스보다 앞서 마르코 폴로가 있었고, 마르코 폴로보다 앞서 정착 문명의 칸막이를 무너뜨린, 그리하여 마르코 폴로로 하여금 놀라운 세계를 기행(紀行)하게 만든 누군가가 있었다. 그리고 그 누군가는 유럽인들로 하여금 지구를 탐험하지 않으면 안 될 호기심을 줬던 만큼 당연히 유럽 안에 있지 않았다. 그 점이 명확해지고 나면 이제 1,000년의 인물을 찾는 일은 급물살을 탄다.

우리는 1,000년 전 지구를 지배하는 두 문명이 이슬람과 중국 문명이었다는 사실을 기억해야 한다. 기독교 문명의 유럽은 고인 물과 같았다. 봉건 장원, 주교령, 귀족 영지 따위가 모여 있는 곳일 뿐이었다. 1,000년 전에는 아무도 유럽 기독교도들이 이 지구를 식민화해 나갈 수 있다고 생각하지 못했다. 이 모든 것을 뒤흔든 게 완전히 새로운 제국의 출현이었다. 그것은 몽골제국, 즉 칭기스칸의 제국이었다.

이렇게 해서 『워싱턴 포스트』는 지난 1,000년 역사에서 가장 중요한 인물로 칭기스칸을 뽑았다. 역사는 그를 호전적이고 잔혹한 인간으로 묘사했다. 하지만 우주처럼 광대한 지구를 좁게 만들어, 사람들이 대륙을 넘어 서로 왕래할 수 있도록 만든 주인공으로 결국 평가 받았다.

인종-언어-종교-문화 차이에 거의 구애 받지 않았던 사회, 정권과의 연고(?)가 아닌 실력에 따라 누구라도 쉽게 등용되는, 능력주의-실력주의적 인물 선발이 당연시되는 사회, 압도적 다수 농민과 서민을 비롯한 하층 대중에게 출세와 성공 기회가 열린 사회…….

이 신기한 제국의 성격을 우리는 중세의 '지구촌 시대'였다는 말 아니곤 달리 설명할 길이 없다. 그렇다! 칭기스칸은 최초의 지구촌 시대를 만들었다. 그것을 증거해 줄 사례는 너무나 많다.

첫째, 중세 자유 무역지대 구축

대몽골제국은 한반도와 중국, 아랍, 유럽, 러시아, 중앙아시아를 하나의 정치-경제-문화권으로 묶는 글로벌 체제였다. 『워싱턴 포스트』는 이렇게 말한다.

> 칭기스칸의 제국은 13세기 말까지 태평양에서 동유럽까지, 시베리아에서 페르시아만까지 팽창을 거듭했다. 그와 그의 후손들은 유라시아 대륙을 아우르는 광대한 자유 무역지대를 만들어냈고, 동서양 문명의 연결을 강화했다. 이는 중세의 GATT 체제라 할 수 있다. 그는 끝없는 범위의 잠재적 자유 무역지대를 만들어냈다. 외교관에게, 용병에게, 상인에게 그곳은 처녀지였다.

둘째, 단일지폐권 창출

국제적 경제교역이 폭발적으로 늘고 이질적인 문명 간에 통합이 이뤄졌다. 그에 따라 화폐제도에도 획기적인 변화가 생겼다. 칭기스칸이 정복한 지역과 나라는 인종도 다르고 종교도 다르며 언어, 문화, 생활 모든 것이 각양각색이었다. 이 피정복 국가들을 하나로 통합하기란 여간 어려운 일이 아니었다. 칭기스칸 제국은 이를 해결하기 위해 단일 지폐를 유통시켰다. 유럽보다 무려 400년이나 앞서 만든 지폐였다. 한국은행이 발간한 『우리의 화폐, 세계의 화폐』는 이렇게 쓰고 있다.

　　　　　　　　　　　　　　　　　　　　　CEO 칭기스칸

지폐가 세계 최초로 사용된 것은 10세기 말 중국에서 상인들 사이에 사용된 예탁증서 형태인 교자로 알려져 있다. 그러다 정부가 지폐를 공식 발행한 것은 1170년 남송이 처음이며, 몽골 황제 쿠빌라이칸에 의해 대량으로 발행됐다. 몽골 즉, 원나라는 금, 은, 동을 모두 정부가 보관하고, 그 보증으로 지원통행보초라는 이름의 지폐를 통용시킴으로써 지폐 유통이 활발했다.

원나라는 지폐를 발달시켰을 뿐 아니라 전 제국에 걸쳐 강력하게 유통시켰다. 마르코 폴로의 『동방견문록』에 그 자세한 기록이 있다. 그 가운데 '대칸이 국민들에게 사용토록 한 지폐'를 보면 이러하다.

이렇게 해서 지폐가 만들어지면 대칸은 일체의 지불을 이것으로 끝내며 지배하고 있는 전 영역, 전 왕국에 통용시킨다. 유통을 받아들이지 않으면 사형을 받게되니 누구 한 사람 수수를 거부하는 사람이 없다. 어느 지방에서든 적어도 대칸의 신민인 자는 누구나 쾌히 이 지폐로써 지불 받는다.

마르코 폴로가 전하는 단일지폐 경제권에는 원나라만이 아니라 킵차크칸국, 일칸국, 차가타이칸국도 포함돼 있었다. 단일지폐 경제권의 위력은 대단했다. 돈만 있으면 언제 어디서나 어떤 물건이든 살 수 있고, 또 팔 수 있었다. 원나라 지폐는 오늘의 달러처럼 세계의 기축통화(基軸通貨)였다.

셋째, 다민족 다종교 국가의 건설

이질적인 사람이나 사회를 수용하면서 그 어떤 차별도 하지 않는 정책을 펼침으로써 칭기스칸은 광활한 지역에 걸친 다민족, 다종교, 다문화의 대제국을 경영할 수 있었다. 칭기스칸의 손자 멍케칸 시절, 프랑스 국왕 루이 9세가 파견한 루브루크 출신의 윌리엄이라는 수사가 남긴 『루브루크의 몽골 여행기』는 이렇게 말한다.

> 멍케칸이 이슬람의 이맘, 불교의 승려, 무당, 라마승, 기독교 수사들에게 둘러싸여 축수(祝壽)를 받고 있는 것을 보았다. 몽골제국에서는 네스토리우스교도들이 활동중이며 적지 않은 몽골 귀족들이 기독교 세례를 받았다.

그런 풍토가 조성되기 시작한 것은 오래전 일이었다. 칭기스칸은 자기 생명을 위험에 빠뜨린 적의 장수를 받아들여 동지로 삼았다. 전사한 적장의 딸을 며느리로 맞았고, 적장 아들을 양자로 삼아 자신의 보호 아래 두기도 했다. 심지어는 적에게 빼앗겨 적장의 아들을 임신한 자신의 아내와 그 아들(장남 조치)을 거리낌 없이 받아 들였다. 칭기스칸과 몽골인들은 대체로 샤머니즘을 믿었으나 칭기스칸의 며느리이자 원나라 창업자 쿠빌라이칸의 어머니인 소르카크타니는 기독교도였다. 마치 지금의 미국을 연상케 하는 이 혼혈―잡종 사회가 바로 유목 사회의 특징이다.

800년 전에 21세기를 살았던 사람들

오늘날 세계를 새로운 문명의 전환기라고 한다. 지금 일고 있는 전 지구적 격변의 대폭풍은 인류의 삶을 전혀 새로운 세상으로 옮겨 놓는 거대한 지각변동이라는 얘기다. 과거 인류가 석기문명시대에서 청동기문명으로, 다시 철기문명으로 바뀌면서 예전에 상상할 수 없이 새로운 삶을 누리게 됐듯.

그렇다면, 다시 한번 생각해 보자. 도대체 우리는 어디서 어디로 가고 있는가.

이 변화의 거센 물살은 거기에 자기 몸을 던져 함께 굽이쳐 흘러가는 사람만 데리고 간다. 그렇지 않은 사람은 낙오자가 돼 역사 발전의 바깥으로 버려질 수밖에 없다. 유전학에서 말하는 적응과 도태의 법칙은 자연환경과의 관계에서만이 아니라 역사

환경과의 관계에서도 그대로 적용된다.

국내외 수많은 학자들은 이 격동의 전환기를 다양한 개념으로 설명해왔다. 잘 알다시피 앨빈 토플러는 ‘제3의 물결’, 피터 드러커는 ‘글로벌 경제’, 레스터 서로우는 ‘지식의 지배’, 새무얼 헌팅턴은 ‘문명의 충돌’이라는 말로 이 거대한 변화의 윤곽을 그려 보려고 했다. 이들은 변화의 키워드들로 디지털 또는 인터넷, 벤처, 글로벌, 탈냉전 등을 꼽는다. 그러나 이런 설명들만으로는 어쩐지 허전하다. 우리가 지금 정신없이 흘러가고 있는 변화의 핵심, 진짜 숨은 그림을 찾으려면 다음 한 마디가 덧붙여져야 되지 않을까.

“정착문명의 긴 지배가 끝나고 드디어 유목 이동문명 시대가 시작되고 있다.”

이제 세상은 변화하고 있다. 우리가 인정하든 하지 않든 우리 사회도 조금씩 바뀌고 있다. 이미 우리 주변에서도 이렇게 달라지고 있는 세상, 달라져야 되는 세상에 관해 논의가 있었다. 이어령 교수는 변화하는 세상을 개미 사회와 거미 사회로 설명하고 있다. 개미와 거미, 어찌 보면 비슷한 곤충 같지만 전혀 다른 생각을 갖고 산다.

『이솝우화』의 개미와 베짱이가 말하듯 개미는 협동심, 조직성, 근면성의 상징이다. 지구에 등장한 생물체 중에서 개미처럼 단단한 조직을 이루며 유구한 세월을 사는 생물이 많지 않다고 한다. 개미의 우화는 근대 산업사회에 이르기까지 유럽인들의 모든 역사를 통틀어 지향했던 서구적 가치관의 정점을 보인다. 그간 개미 이미지가 긍정적이었던 것은 그것이 산업사회 가치관에 걸맞았기 때문이다. 그러나 근래 개미사회의 가치관은 걷잡을 수 없이 위협 받고 있다.

개미에 번호를 붙여 촬영해 보면 100마리 가운데 실제로 열심히 일하는 개미는 15마리에 불과하다는 조사가 있다. 85마리는 일을 하지 않고 허둥대거나, 일하는 걸 지켜보는 일을 한다. 다시 일하는 15마리를 모아 번호를 붙여 두면 역시 그 중에서 15%만이 일한다. 무릇 땅에 근거해 만들어진 조직은 그렇게 될 수밖에 없다고 한다. 잘잘못이 있어서 그런 게 아니라 조직이라는 것은 만들어지는 순간 그렇게 된다는 얘기다. 조직 생리상 일하는 자와 조직에 얹혀 사는 자가 있게 마련인 근대 관료 조직의 특성이 그렇다.

그럼 거미를 보자. 땅에 구멍을 파고 사는 개미와 달리 거미는 허공에 그물을 치고 산다. 그러다 먹이가 걸리면 기습 공격을 해 먹이를 낚아챈다. 거미 세계는 관료 사회처럼 움직이는 조직이 아니다. 개미가 관료 마인드를 갖고 산다면, 거미는 정보화 마인드를 갖고 산다. 역사가 증거하듯 거미의 마인드와 동작들은 개미로서는 납득도 예측도 되지 않는 것이다. 개미의 마인드를 갖고 있던 당시 유럽에서, 거미의 마인드를 지닌 유목민에 대해 유언비어가 난무한 것도 어찌 보면 당연한 일이었다.

TV 드라마에서도 이런 변화를 찾을 수 있다. 『용의 눈물』, 『왕과 비』라는 TV 드라마는 기득권 싸움으로 점철돼있다. 인간의 목표나 지향은 없고 권력을 쟁취하려는 끝 없는 싸움만 있을 뿐이다. 이미 정해져 있는 결과물을 놓고 내가 더 차지하느냐 네가 더 차지하느냐를 다루는 것이 예전 우리가 봤던 드라마의 전형

이다. 하지만 요즘 들어 TV 사극들도 달라지고 있다. 『왕건』,
『상도』가 그렇다. 이 드라마에 등장하는 인물들은 가진 것이라
고는 그야말로 적수공권(赤手空拳)밖에 없는 이들이다. 그들이
인간관계나 사랑으로 합쳐 네트워크를 만들고 계약을 맺어 무
(無)에서 유(有)를 창조한다.

주변을 보자. 고향이 시골인 사람들은 모두 기억하겠지만 예
전에는 한 마을에 전화 한 대 두기가 어려웠다. 들일을 하면 모
두들 집에서 밥을 해 날랐다. 요즘엔 논에서 일하던 사람들이 휴
대폰을 꺼내 삼십 리 밖 읍내에 있는 중국집에 전화를 건다. 그
렇게 전화로 주문하면 몇 십분 만에 오토바이가 배달 오는 세상
이다.

동창회를 하려면 모임을 정하고 물리적으로 만나야 했지만,
요즘에는 인터넷에 홈페이지를 만들어 그곳에서 동창회를 한
다. 서울 있는 엄마가 아침 설거지를 마치고 유학 간 아들과 화
상 채팅을 하는 세상이 왔다. 세상은 무섭게 달라지고 있다. 바
깥 세상만 달라진 게 아니라 우리도 이렇게 달라졌다.

선악이나 기호 판단을 유보하고 생각해보자. 21세기의 핵심
키워드는 무엇인가.

많은 이들이 21세기를 논하면서 세계화와 정보화, 친환경화
라는 개념을 말하고 있다. 이제 이 세 가지 가치의 바깥에 서 있
는 인간형이나 기업들이 지난 세기처럼 건재하기는 힘들 것이
다. 정착과 유목에 관해 장황하게 설명한 이유가 바로 여기에
있다. 21세기의 키워드들인 세계화, 정보화, 환경 친화는 바로
농경사회가 아닌 유목민 사회에서 출현해 발전돼 왔다고 보는

　　　　　　　　　　　　　　

게 타당하다.

먼저 세계화를 보자. 세계화는 이미 많은 부분이 진행됐고, 또 어느 부분은 완성되기도 했다. 하지만 이 거대한 지구가 하나의 작은 촌으로 바뀐 것은 단 몇 백년 전만 해도 참으로 생각키 어려운 모습이었다. 이런 현상을 만든 사람들, 지구를 좁게 만든 사람들이 바로 유목민이다. 당시에 누가 유라시아 통합을 생각했겠는가. 칭기스칸도 처음엔 좁은 몽골고원에서 동족들이 벌이는 제로섬 게임을 벗어나려는 출구 삼아 바깥 세상으로 달려갔다. 그렇게 해서 결과적으로 유라시아의 통합을 이뤘다.

몽골 유목민이 거둔 이 성과는 중화 문명이나 이슬람 문명 쪽 국가가 영토를 확장했던 개념과는 다르다. 그들은 정복 지역을 사람과 물자와 정보가 원활하게 유통되는 사회, 전 세계에 실핏줄을 퍼뜨려 피가 멈추지 않는 사회로 만들었다. 지구라는 거대한 땅덩어리를 하나의 조그만 공동체로 만들어 버렸다. 이것이 세계화의 원형이다.

정보화에서도 유목민들의 역할은 말할 수 없이 크다. 역참제나 프로토콜, 대상을 통한 정보전 등을 통해 관찰했듯, 유목민들의 정보화 욕구는 생존을 위한 최선 수단이었다. 그 소통 욕구는 세계 제국을 건설한 이후 전 지구적 네트워크를 만드는 것으로 빛을 발한다. 역참제가 그것이다. 수도를 중심으로 삼아 제국 전 지역에 낸 정보망, 그것도 5킬로미터마다 정보 전달자를 두었던 역참제는 말(馬)이 구현했던 일종의 인터넷이었다.

실크로드도 마찬가지다. 실크로드는 우리가 일반적으로 생각하는 도로가 아니다. 수많은 사람이 오가고, 물자가 오가고, 군사들이 오가는 유통망이다. 이 실크로드를 통해 각지 정보가 수도 카라코롬과 대도(북경)에 도달할 수 있었다. 이 정보화 역시 지금 우리 모습의 원형이라고 할 수 있다.

세계화나 정보화보다 더 중요하고 심각한 것이 환경 문제일 것이다. 엘니뇨, 지구 온난화, 오존층 파괴, 게릴라성 집중 호우 등 모두가 지구가 병들어 생긴 현상이다. 이제 환경은 취미로 지켜야 하는 것이 아니다. 이 병 든 지구에서 환경을 되살리지 않으면 인류는 공멸하고 말 것이다.

환경친화라는 측면에서 보면 유라시아 대륙의 유목 이동문명 시대와 지금 상황은 유사한 점이 많다. 유목이란 기본적으로 식물을 재배할 수 없는 열악한 조건에서 출발한다. 유목민은 식물이 열매를 맺을 만한 비가 내리지 않는 땅에 살았다. 하지만 그들은 땅에 풀이 돋고 그것을 먹는 초식동물, 또 그 위로 육식동물이 살아가는 생태계에 올라 탄 사람들이다. 만약 그들이 과대 소비를 하거나 과소 소비를 하면 생태계는 무너지고 만다. 이는 곧 전체의 공멸을 의미한다. 유목민은 그런 삶의 조건 때문에라도 생태계 환경과 공존해 올 수밖에 없었다.

그들은 항상 동물과 함께 살아 오면서도 양을 더 키우거나 종을 더 번식시키거나 하지 않는다. 사자와 호랑이를 교배해 탄생시킨 라이거처럼 새로운 종은 정착문명적 사고에서나 나올 수 있다. 동물들 속에서 동물과 함께 몇 천년을 살아가야 하는 유목민에겐 상상조차 할 수 없는 일이다. 결국 종자 변이와 생태계 파괴라는 참혹한 오늘의 현실이 유목민의 현명함을 증명하고 있다.

유목민의 생존 방식은 동물을 기르는 게 아니라, 동물들이 이동하는 경로를 따라가는 것이다. 풀을 먹는 동물이 움직이면 그 동물을 쫓아가면서 사는 방식, 즉 생태계 자체를 '산업화' 해 지금까지 살아오고 있다. 몽골에서는 극심한 자연 재난으로 '강'이나 '쪼드'를 자주 겪는다. 그 재앙 속에서도 가장 오래 살아남는 동물은 바로 가장 순수한 혈통을 유지해 온 동물들이라 한다. 생태계 순환고리에 스스로를 끼워 생활하는 것만이 유일한 삶의 방법임을 유목민은 터득한 것이다.

21세기 생존법은
우리들 심장에 새겨있다

I....

이제 허들경기의 마지막 차례가 됐다. 환경 · 정보화 · 세계화가
화두(話頭)로 떠오른 21세기는 분명 유목민의 시대다. 이런 21세
기 사회에서 사람들은 어떤 방식으로 살게 될까. 사람들의 삶은
어떤 모습을 띠게 될까. 이에 대한 『잡 노마드 사회』(문예출판사,
2002년 간)의 저자 군둘라 엥리슈의 지적은 정말 날카롭다.

"미래 사람들은 매우 빠르게 움직이면서, 전자제품을 이용하는 유목민이
될 것이다. 세계 각지를 돌아다니지만 어디에도 집은 없을 것이다." 이것
은 30년 전 캐나다의 미디어 연구가 마셜 맥루언(Marshall McLuhan)이
내놓은 미래 예측이다. 실제 오늘날 공항, 역, 호텔 로비에 가보라. 일하는

사람들로 가득 차 있다. 무릎에는 노트북을, 호주머니에는 휴대전화를, 귀에는 헤드셋을 착용한 채 원한다면 언제든 연락이 가능하고 어디론가 가고 있다.

'잡 노마드(Job Nomad)'는 직업(Job)을 따라 유랑하는 유목민(Nomad)이란 뜻의 신조어로 과거의 직업 세계에 등을 돌린 사람들을 일컫는다. 그들은 평생 한 직장, 한 지역 그리고 한 가지 업종에 매여 살지 않는다. 잡 노마드는 승진 경쟁에 뛰어들지도 않고, 회사를 위해 목숨 바쳐 일하지도 않는다. 직업 세계에 새로 등장한 이 신종 부류는 자신의 가치를 정확히 분석하고 자신을 위해 그것을 이용하는, 현대화를 실천하는 주인공이다.

또한 잡노마드는 과거 유목민의 기질을 자신의 것으로 만들었다. 결핍을 극복하는 능력, 본질에 집중하는 힘, 풍부한 경험을 적극적으로 활용하는 기술, 동적인 것과 정적인 것 사이에 균형을 유지하는 방법, 뿌리와 날개를 동시에 지니는 능력을 갖췄다. 이는 자신의 노동력을 자유롭게 사용할 수 있게 하는 능력이다. 끊임없이 변화하는 직업의 세계에서는 자유만이 진정한 안정을 보장해 준다.

2....

이같은 잡 노마드 사회로 가고, 적응하는 길은 나라마다 민족마다 심지어 사람마다 다를 수 있다. 우리 한국인들에겐 어느 길이 잡 노마드 사회로 가는 쉽고도 가까운 길일까. 이에 대해서는 필자가 펴낸 『밀레니엄맨』(해냄, 1998년 간)에서 '칭기스칸의 편지'라는 대목을 인용한다.

한국의 젊은이들아! 집안이 나쁘다고 탓하지 말라. 나는 어려서 아버지를 잃고 고향에서 쫓겨났다. 가난하다고 말하지 말라. 나는 들쥐를 잡아먹으며 연명했고, 내가 살던 땅에서는 시든 나무마다 비린내만 났다. 작은 나라에서 태어났다고 탓하지 말라. 내가 세계를 정복하는 데 동원한 몽골 병사는 적들의 100분의 1, 200분의 1에 불과했다. 나는 배운 게 없어 내 이름도 쓸 줄 몰랐지만, 남의 말에 항상 귀를 기울였다. 그런 내 귀는 나를 현명하게 가르쳤다. 적은 밖에 있는 것이 아니라 자신의 안에 있다. 나 자신을 극복하자 나는 칭기스칸이 됐다.

칭기스칸이 실제로 그같은 편지를 보냈다면 아무래도 몽골인들과 우리가 한 핏줄이라고 생각했기 때문일 것이다. 몽골인들만 그렇게 느낄까. 아마 많은 한국인들도 비슷할 것이다.

이런 한국인도 있었다.

몽골 수도 울란바토르의 국립공원에는 기념비 하나가 서있다. 비석의 주인공은 놀랍게도 한국인 이태준(李泰俊) 선생이다. 한국인들도 잘 알지 못하는 그의 기념비가 왜 이곳에 서있을까. 사연은 참으로 기구하다. 그는 몽골의 마지막 칸이었던 잡잔단바 보그드칸의 주치의로 일하며 독립운동을 벌이다 처형됐다.

1883년 경남 함안에서 태어난 선생은 세브란스 의학교에 들어갔다. 재학 중 고문 후유증으로 세브란스에 입원한 도산 안창호 선생을 치료하면서 조국의 비참한 현실을 깨닫는다. 1911년 졸업한 선생은 이듬해 중국으로 망명, 남경(南京)의 '기독회 의원' 이라는 병원에서 의술을 펼친다.

그는 4촌 처남 김규식(金奎植) 선생의 권유로 울란바토르로 건너가 항일단체를 도우며 '동의의국' 이라는 병원을 열어 몽골인들의 질병을 치료한다. 김규식 선생은 몽골에 비밀 장교 양성소를 세울 계획이었다. 그는 몽골인들에게 '신통한 의술을 지닌 까레이 의사(고려인 의사)'로 알려지면서 보그드 칸의 주치의가 됐다. 1919년에는 몽골 최고 훈장 '에르테닌오치르'를 받았다.

선생은 의열단에 가입해 독립운동 자금을 상해 임시정부에 전달하는가 하면 항일운동을 위한 무기를 만들려고 헝가리 출신 폭탄제조 기술자와 접촉하기도 했다. 그는 일본과 협력관계를 유지해온 러시아 백군에 붙잡혀 38세(1921년)에 처형당했다.

3····

이제 끝인 점에 다다랐다.

IMF 사태가 터졌을 때 세계가 한국에 대해 가장 놀란 것이 금 모으기 운동이었다고 한다. 우리 국민이 결혼 반지를, 시어머니의 회갑기념 비녀를, 아들 돌잔치 때 받았던 금을 주저없이 가져와서 나라가 진 빚을 갚자 하던 감동적 행렬들. 그것이 국제적으로 어떤 평가를 받건, 우리에게는 가슴 뿌듯한 기억으로 남을 것이다.

금 모으기 운동은 지금도 벌어지고 있다. 광화문이나 코엑스 몰을 물들인 붉은 악마, 빨간 옷을 입은 응원단뿐 아니라 남녀노소가 있는 힘을 다해 응원했다. 그것으로 우리는 월드컵을 성공적으로 치렀으며, 4강 진출이라는 위업도 남겼다. 자식 교육 열풍, 부동산 투기 붐도 방향은 잘못됐는지 모르지만 우리들에게만 이어 내리는 유전자 때문인지 모른다. 신명과 한(恨) 속에서 사는 게 우리만이 지닌 독특한 체질일 것이다. 몽골 유목민들도 우리와 마찬가지로 피눈물과 신바람의 세계를 그렇게 수만 년 살아왔다.

우리는 몽골 유목민들과 핏줄이 같다. 우리 몸 속엔 칭기스칸과 같은 피가 흐른다. 그들이 피눈물로 신바람으로 무장했을 때 누구도 이루지 못한 유라시아 대통합을 달성했듯, 우리도 한과 신명으로 21세기를 헤쳐나갈 수 있을 것이다. 그들이 800년 전에 살았던 역사 속에서, 우리는 가슴으로 눈으로 맥박으로 고동 소리로 21세기의 생존법을 찾을 수 있을 것이다. 21세기 생존법은 우리 심장과 핏줄에 새겨져 있다.

본 글에 내용적 참고가 되었던 문헌을 간략하게 소개한다. 단, 단순 인용된 문헌 등은 생략하였다.

1. 『몽골비사』

원명(原名)은 '몽골의 숨겨진 역사'며 '원조비사' 또는 '비사'로도 불린다. 이 책은 몽골인들의 손으로 완성된 거의 유일한 몽골의 고대 역사서로, 원본은 일찍이 유실돼 현재는 명나라 주원장 시대에 만들어진 한자몽음본(漢字夢音本) 전사본(轉寫本)만이 전해지고 있다. 몽골비사는 몽골족의 기원으로부터 칭기스칸과 어거데이칸에 이르는 역사를 장엄한 서사시 형태로 구술한 책이다. 이 책을 통해 고대 몽골족의 철학과 사상, 신화와 전설, 군사 제도, 사회 조직, 언어 등을 엿볼 수 있다. 총 282절로 구성돼 있다.

2. 사마천, 『사기』

중국 전한(前漢) 시대 사마천(司馬遷)이 삼황오제(三皇五帝)부터 한나라 무제(BC 104~101년)까지의 중국과 그 주변 민족의 역사를 포괄해 저술한 통사(通史). 이 책은 역대 중국 정사의 모범이 된 기전체(紀傳體)의 효시로, 제왕의 연대기인 본기(本紀) 12편, 제후왕을 중심으로 한 세가(世家) 30편, 역대 제도 문물의 연혁에 관한 서(書) 8편, 연표인 표(表) 10편, 시대를 상징하는 뛰어난 개인의 활동을 다룬 전기 열전(列傳) 70편, 총 130편으로 구성됐다. 사기는 전설과 신화에 속하는 자료는 모두 배제하고 유교 경전을 기준으로 합리적으로 믿을 수 있다고 판단되는 자료만 실어 객관성을 더했다.

3. 라시드 웃 딘, 김호동 역, 『집사』, 사계절

집사는 13~14세기 칭기스칸의 몽골제국 시대에 만들어졌으며 '최초의 세계사'로 평가받는다. '역사를 모았다(集史·집사)'는 제목처럼 이 책에는 몽골 외에도 중국·인도·아랍·유럽 등 여러 민족의 역사까지 집대성하고 있다. 이 책은 중국 한족(漢族) 중심으로 동아시아 역사를 보는 관점과 다른 시각을 제공한다는 점에서 의미를 가진다. 이 책에서 고려는 원나라의 주변국 수준에서 간략하게 언급된다. 저자 라시드 앗 딘(?~1319)은 이란 출신으로 몽골제국의 일부인 일칸국의 최고직인 재상까지 올랐던 인물이다.

4. 헤로도토스, 『역사』

'역사(歷史)의 아버지'로 불리는 그리스의 역사가 헤로도토스(BC 484~BC 425)의 저서로 페르시아 전쟁의 역사를 기록한 책이다. 헤로도토스는 신에 대하여 경건한 사람이었고, 신은 인간의 오만에 대해서 보복할 것이라고 믿었다. 페르시아의 패배도 크세르크세스 1세의 오만 때문이라고 기록했다. 이 책엔 일화와 전설은 물론, 스키타이족이나 페니키아인을 비롯한 고대 민족의 풍습과 종교에 대한 객관적인 기록도 실렸다. 헤로도토스는 과거의 사실(史實)을 시가(詩歌)가 아닌 실증적 학문의 대상으로 삼은 최초의 그리스인으로 평가받는다.

5. 비르질 게오르규, 민희식 · 고영희 역,『마호메트 평전』, 초당

『25시』의 작가 게오르규가 마호메트의 탄생부터 죽음까지 그의 극적인 삶을 한 편의 서사시처럼 써내려간 책이다. 이 책은 인간 마호메트의 위대함뿐만 아니라 아랍 문화와 전통, 이슬람교의 본질을 공정한 시각에서 전달한다. 성경과 코란을 비롯한 방대한 자료를 토대로 객관적이고 충실하게 쓰여졌다. 1960년에 나왔으며 이슬람 세계에 대한 서구의 편견을 바로잡는 내용으로 당시 큰 반향을 일으켰다.

6. 리 듀거킨, 장석봉 역,『동물들의 사회생활』, 지호

동물의 협동과 그 과정에서 나타나는 속임수를 사람의 입장에서 해석했다. 듀거킨은 개체간의 행동학적 상호작용을 연구했으며, 이 책에선 동물 세계에도 협동전략이 있다는 사실을 강조한다. 생존을 위해 협동을 택한 동물들의 생태를 진화적 관점에서 그렸다. 동물들의 다양한 삶의 모습을 통해 인간 사회가 얼마나 이기적인지를 새삼 돌아보게 한다.

7.『원사(元史)』

기전체(紀傳體)로 지은 중국 원나라의 공식 역사책이다. 명대 송렴(宋濂) 등이 칙명을 받아 1369~1370년 편찬했으며 210권으로 구성됐다. 이 책에는 '원13조실록(元十三朝實錄)'과 우집(虞集)의 '경세대전(經世大典)' 등에 근거한 비교적 많은 역사 자료가 보존돼 있다. 그러나 책을 성급하게 완성하여 교정을 상세히 보지 못했으며 '원조비사(元朝秘史)' 같은 중요한 자료를 이용하지 못했다. 그 때문에 몽골족의 원류와 발전 또는 중국과 서역의 교통 같은 중요한 사적(史蹟)에 대해서도 서술이 미비하다. 한 사람을 두 사람으로 오인하기도 했으며 배열 순서도 어지럽다.

8. 카르피니, 『카르피니의 몽골여행기』

이탈리아 카르피니 지역 출신의 한 수도사(1182?~1252)가 13세기 중반 몽골에서 실제 보고 들은 일들을 유럽인에게 전한 최초의 문서다. 수도사는 1245년 몽골인에게 그리스도교 개종을 권유하고, 그 내정을 살피라는 교황 이노센트 4세의 명을 받아 리옹을 출발한다. 그는 2년 동안 몽골에서 생활하며 몽골인의 의식주, 생활 방식, 유목 양태, 군사 편제, 전쟁의 방식, 무기의 종료, 종교관의 특징 등을 기록해 교황에게 올렸다. 그러나 이 여행기는 기독교 문명의 우위를 내세워 몽골인의 야만성을 강조했다는 평을 듣는다.

9. 마르코폴로, 『동방견문록』

이탈리아의 마르코폴로가 1271년부터 1295년까지 동방을 여행한 체험담을 루스티첼로가 기록한 여행기다. 정식 명칭은 '세계의 기술(記述)'로 알려졌다. 마르코폴로는 중앙아시아를 거쳐 원나라 수도에 도착, 쿠빌라이(세조) 칸의 총애를 받아 여러 관직을 지내면서 중국 각지를 여행했다. 귀국 후 마르코폴로는 베네치아와 제노바의 전쟁에 참가했다가 포로가 되는데, 제노바 감옥에서 루스티첼로에게 자신의 동방여행 경험을 구술(口述)한 것이 동방견문록이다. 과장된 측면이 있지만 당시 서아시아 · 중앙아시아 · 중국 · 남해(南海) 등에 대한 내용이 풍부하다. 아메리카 대륙 발견의 계기가 되는 등, 지리상의 발견에 큰 역할을 했다.

10. 군둘라 엥리슈, 이미옥 역, 『잡 노마드 사회』, 문예출판사

잡 노마드란 직업(job)을 따라 유랑하는 유목민(nomad)을 일컫는 새 단어다. '직업 유목민' 쯤으로 풀이되는 이들은 부르주아적 보헤미안인 '보보스족'과도 다르며 조직에 속하지 않고 일하는 '프리 에이전트'보다 더 진전된 개념이다. 정착과 유형 자산에는 관심을 두지 않고 새로운 경험과 자유에만 가치를 부여하는 모험적 인간들이기 때문이다. 저자는 잡 노마드들이 세계화와 디지털화, 개인주의의 격렬한 흐름 속에서 지금까지 정착시대 인간의 삶을 뿌리째 뒤흔들 것으로 내다봤다. 저자인 엥리슈는 독일의 권위지 '프랑크푸르트 알게마이네 차이퉁'의 전 주필이자 미래학 전문가이다.

11. 앨빈 토플러, 김진욱 역, 『제3의 물결』, 범우사

미국의 미래학자 앨빈 토플러가 미래 사회를 예견한 3부작(미래의 충격·제3의 물결·권력이동) 가운데 가장 대표적인 저서이다. 그는 미래사회의 성격을 정보화 사회로 단언한다. 인류 사회를 바꾼 제1의 물결인 농업혁명은 수천 년에 걸쳐 진행됐지만, 제2의 물결인 산업혁명은 300년밖에 걸리지 않았으며, 제3의 물결인 정보화 혁명은 20~30년 내에 이루어질 것이라고 주장한다. 이 책에서 처음으로 재택근무·전자정보화 가정 등의 용어가 사용됐다.

12. 레스터 서로우, 한기찬 역, 『지식의 지배』, 생각의 나무

1997년 이후 세계 경제를 전망한 저자는 자신있게 유럽의 발전에 큰 기대를 건다. 창조적이지 못한 일본이나 기능적이지 못한 미국에 비해 국민 대다수가 창조적이고 숙련된 유럽이 향후 세계를 주도할 것이라고 본다. 저자는 돈을 모아 거부가 된다는 것은 틀린 말이며, 진정한 부자들은 기회를 포착해 매우 불확실한 상황에 투자한 사람들이라고 말한다. 초고속 성장사업은 불안하고 위험한 기술을 기회로 이용한 결과라는 것이다.

13. 르네 크루세, 김호동 역, 『유라시아 유목 제국사』, 사계절

유라시아 대륙을 관통하는 초원을 배경으로 명멸했던 유목제국들의 역사를 총괄하고 있다. 유목 민족은 중국의 역사서에 기원전 8세기 스키타이와 흉노라는 이름으로 처음 등장한다. 유목 민족이 세운 제국은 18세기 몽골의 마지막 제국, 준가르 한국(汗國)이 멸망함으로써 막을 내린다. 유목제국들의 가장 큰 특징은 극소수의 지배집단과 카리스마를 지닌 지도자가 있었다는 점이다. 이들의 탁월한 지도력은 초원을 떠돌던 잡다한 무리들을 일거에 강력한 전사 집단으로 탈바꿈시키곤 했다. 또 유목제국의 지도자들은 대륙을 관통하는 초원이란 인프라를 지니고 있었고, 유통수단인 말을 소유하여 당시로서는 상상하기 힘든 속도로 군사력과 물자를 이동시킬 수 있었다. 결국 카리스마 넘치는 지도자 초원 고속도로라는 인프라, 말로 상징되는 기동력, 신속한 정보 유통 속도 등을 갖춘 유목 제국은 20세기말 시작된 인터넷 혁명과 많은 유사점을 갖는다.

14. 스기야마 마사아키, 임대희 외 역, 『몽골 세계제국』, 신서원

아시아와 유럽을 하나로 묶은 몽골인들의 영광시대를 그렸다. 몽골이 세계제국을 건설해 나가는 과정을 몽골인의 입장에서 써내려갔다. 군사력을 바탕으로 동(東)으로는 고려에서 서(西)로는 유럽까지 영토를 넓힌 세계 정복의 과정을 밟으면서, 제국의 동요, 유럽과의 만남 등을 수록했다. 몽골제국을 둘러싼 세계사의 변모와 동아시아의 육지와 바다를 모두 장악한 거대제국의 위력, 제국의 해체 과정까지 담았다.

15. 정재서 역, 『산해경(山海經)』 민음사

중국 최고(最古)의 지리서. 작가는 하(夏)나라 우왕(禹王) 또는 백익(伯益)이라고도 한다. 실제는 BC 4세기 전국시대 후의 저작으로, 한대(漢代) 초에 이미 이 책이 있었던 듯하다. 원래는 23권이 있었으나 전한(前漢) 말(BC 6세기)에 유수(劉秀)가 교정(校定)한 18편만 오늘에 전해지고 있다. 이 책에는 기괴한 생명체들이 많이 등장한다. 그러나 그것은 단순한 상상력의 결과물이 아니다. 그 해석에 따라 아시아 대륙에 넓게 분포됐던 문명들의 성쇠를 들여다볼 수 있는 역사자료이며, 어떤 물산(物産)이 나는가를 알려주는 풍물지이며, 제례 의식과 의식문화 등을 보여주는 역사 자료이며, 중국이라는 중심에서 바라본 주변문화에 대한 평가서이기도 하다. "군자국이 그 북쪽에 있다. 의관을 갖추고 칼을 차고 있으며, 짐승을 잡아먹는다. 두 마리의 무늬 호랑이를 부려 곁에 두고 있으며, 그 사람들은 사양하기를 좋아하여 다투지 않는다. 훈화초(무궁화를 말함)라는 식물이 있는데 아침에 나서 저녁에 죽는다." 바로 우리나라에 대한 글이다.

16. 자크 아탈리, 편혜원. 정혜원 역, 『21세기 사전』, 중앙 M&B

프랑스의 지성 아탈리는 뉴밀레니엄의 키워드를 설명한 '21세기 사전(97년작)'에서 21세기는 디지털 장비로 무장하고 지구를 떠도는 디지털 노마드(유목민)의 시대라고 규정했다. 인류는 1만여 년의 정착 생활을 청산하고 다시 유목 생활로 되돌아가고 있다는 주장이다. 아탈리는 모바일 컴퓨팅과 통신의 발달로 인해 국경 직장 학교 가정의 틀이 근본적으로 허물질 것이라고 전망한다. 예를 들어 가정이나 야외, 또는 비행기내 등 어느곳에 있든지 노트북 컴퓨터 하나만 펴들면 모든 사무를 볼 수 있는데 굳이 별도의 공간이 존재할 필요가 없다는 것이다. 그는 21세기 유목민을 새로운 정보를 창출하는 '하이퍼(Hyper) 유목민', 정보를 향유하되 창출하지는 못하는 '버추얼(Virtual) 유목민', 정보를 향유하지도 못하는 '인프라(Infra) 유목민'으로 구분했다.

17. 패트릭 하워스, 김훈 역, 『훈족의 왕 아틸라』, 가람기획

유럽 대륙을 황색 공포로 휩쓸었던 몽골계 유목민 훈족과 그들의 지도자 아틸라의 모든 것을 담았다. 저자는 서양인들에게 피에 굶주린 잔혹한 민족으로 각인된 훈족과 폭군으로 알려진 아틸라의 진면목을 조명한다. 유럽 전설과 바그너의 오페라 '니벨룽겐의 노래'에 등장하는 아틸라의 모습은 영웅이 아니라 야만인이었다.

저자는 훈족의 발생지와 성장 과정, 훈족의 세력이 커지면서 유럽 대륙에 미친 영향과 그 중심에 있던 아틸라의 군사적 능력 및 그의 인간적인 면모까지 챙기고 있다. 사료가 많이 없는 상황에서 이루어진, 편견에 묻혀 오랫동안 잊혀졌던 아틸라의 참모습을 되살린 이 책엔 저자의 노력과 애정이 진하게 배어있다. 저자는 또 아틸라와 관련된 전설과 무용담, 연극, 오페라, 할리우드 영화 등이 몽골 영웅의 모습을 어떻게 왜곡시켰는지 자세히 보여주고 있다.

18. 미하일 일리인, 이순권 역, 『인간의 역사』, 범우사

러시아의 저명한 아동문학가이자 과학저술가인 저자가 평이하고 쉽게 쓴 인류의 시작 이야기다. '인간은 어떻게 생겨나서 일과 생각을 어떻게 배웠고, 불과 쇠를 어떻게 손에 넣었을까? 그리고 어떻게 자연을 상대로 싸우고 이를 개조해 왔을까?' 등의 질문을 하나씩 풀어가면서 인류 문화의 발전 과정을 설명하고 있다. 자칫 딱딱해지기 쉬운 선사시대 이야기를 유려한 문장으로 재미있게 이끌어 나간다.

19. 김종래, 『밀레니엄맨』, 해냄

역사상 최대 제국을 일궜던 칭기스칸의 평전이다. 그러나 일반적인 연대기식 위인전이나 소설과는 다르다. 이 책은 21세기를 앞두고 새로운 세기의 문명 전환을 이끌어갈 키워드로 칭기스칸을 선택했다. 칭기스칸의 시대란 인류사에서 정착민 문명을 무너뜨리고 유목민 문명제국을 건설한 문명사적 전환기를 의미하기 때문이다. 이동하는 유목 민족의 '수평적 마인드'가 오늘날 인터넷을 통한 지구화 시대에서 필요하다는 것이다. 이 책은 특히 칭기스칸의 '대제국 경영학'을 중점적으로 파고 들었다. 칭기스칸은 유럽 사회보다 400년이나 앞서서 단일 화폐 경제권을 만들었다. 저자는 칭기스칸 시대의 개방성, 실용주의, 속도 숭배주의, 질서와 신용중시가 오늘날 아메리카 문명에서 재현되고 있다고 강조, 칭기스칸의 현대적 의미를 분명히 했다.

20. 김종래,『유목민 이야기』, 자우출판사

이 책은 유목민의 출현에서 13세기 몽골제국까지 유라시아 대륙을 말발굽 소리로 뒤덮었던 '질주의 문명사(史)'를 담았다. 유목민들은 중앙아시아의 광대한 초원을 무대로 역사를 만들어 왔지만, 그동안 세계사의 변방으로 인식됐다. 농업혁명과 산업혁명을 주도한 정착민들에게 유목민들은 문명을 파괴하는 호전적인 약탈자일 뿐이었다. 저자는 지금까지 푸대접을 받아 온 유목민들의 복권을 과감하게 시도한다. 저자는 유목민에게 '정착농경문화'에 맞서는 '유목이동문명'의 지위를 부여한 뒤, 나폴레옹·히틀러·알렉산더보다 더 넓은 영토를 차지했던 몽골제국의 알파와 오메가를 충실하게 추적한다. 그러나 저자의 관심은 과거에 머물지 않고 유목문명이 오늘날 우리에게 남긴 것들과 그것이 미래에 미칠 영향에 더 기울어져있다. 저자는 그것을 '도시 유목민'이란 개념으로 풀어간다.